la pensée ésotérique
de Léonard de Vinci

DANS LA MÊME COLLECTION

Aspects ésotériques de l'œuvre littéraire, par Jean RICHER.

Récits mythiques et symbolisme de la navigation, par Raymond CHRISTINGER, Patrick SOLIER et Francine SIEGENTHALER.

L'initiation chevaleresque dans la légende arthurienne, par Dominique VISEUX.

Tous droits de reproduction, de traduction et d'adaptation
réservés pour tous pays.
© Dervy-Livres, Paris, 1981
ISBN 2-85076-139-7

Collection l'œuvre secrète
L'Ésotérisme dans l'art et la littérature

PAUL VULLIAUD

la pensée ésotérique de Léonard *DE VINCI*

DERVY-LIVRES
6, rue de Savoie
75006 Paris

DU MÊME AUTEUR

Le Destin Mystique.
La Crise organique de l'Église en France.
La Kabbale juive.
Le Cantique des Cantiques, d'après la Tradition juive.
Joseph de Maistre franc-maçon.
Les « Paroles d'un Croyant », de Lamennais.
Les Rose-Croix lyonnais au XVIIIe siècle.
Le Cantique des Cantiques (nouvelle traduct. avec préface).
Le Livre Secret. (Traduct. et comment. du Siphra di Dzeniutha.)
Spinoza d'après les livres de sa bibliothèque.
La Clef traditionnelle des Évangiles.
Les Psaumes messianiques. (Traduct. annotée.)

Exemplaire publié d'après l'exemplaire conservé à la Bibliothèque de l'Alliance Israélite Universelle à Paris.

« ... Les Anciens ont feint les statues des dieux, leurs attributs et leurs ornements ; en sorte que ceux qui avaient pénétré le secret de leurs mystères pussent voir le monde et ses parties, c'est-à-dire descouvrir de l'œil de l'âme les vrais dieux. »
VARRON dans saint Augustin.
Cité de Dieu, 1. VII, ch. : Secrète dodrine des Payens.

Pulchritudo mundi corporei umbra quædam est ad ipsam mundi incorporei similitudinem.
Marsile FICIN, in Plot. Enn. V, liv. 8.

L'ordre matériel est un emblème, un hiéroglyphe du monde spirituel.
BALLANCHE, *Pal. soc.,* 2ᵉ Partie.

INTRODUCTION

La pensée religieuse des Hommes de génie est un des problèmes les plus complexes pour la critique. Connaître leur *Credo* a toujours passionné. On compte un Shakespeare tour à tour catholique ou protestant, panthéiste ou rationaliste, païen même ; un Raphaël, un Michel-Ange, un Rubens aussi, aux croyances discutées. Beaucoup ont cherché à descendre au sein de la conscience d'un Léonard de Vinci, cet esprit si mystérieux qui semble, à l'instar des sages de tous les temps, avoir voulu cacher d'importantes vérités sous le voile de l'énigme. Depuis Vasari jusqu'à Michelet et de plus récents écrivains, chacun a cru trouver en lui un prototype de sa Foi personnelle ou de sa propre Négation. Jusqu'où n'est-on pas allé dans cette voie, puisque certains ont supposé que l'auteur de la *Joconde* s'était laissé séduire par le Paradis du Grand-Turc.

Abandonnons les exégèses des écrivains ; essayons d'asseoir un jugement objectif ; un jugement basé sur un document, irréfutable il est vrai : l'œuvre peinte de Léonard.

Donnons quelques-unes des raisons qui nous incitent à préférer l'examen direct des tableaux du Vinci à ses manuscrits, qui, d'ailleurs, n'étaient pas destinés à la publication, puisqu'il s'agit en ce moment du problème des opinions philosophiques et religieuses. Assurément, Léonard ne fut pas déterminé par un motif d'ordre spéculatif à poursuivre ses recherches scientifiques. Un peu de bon sens : il est évident qu'une entreprise de canalisation ou l'étude du vol des oiseaux n'a aucun rapport avec les questions du domaine mystique. Oui, un peu de bon sens : il n'est pas permis de déduire des travaux d'un ingénieur militaire qu'une fois sa tâche finie, il n'ait pas eu de soucis d'ordre spirituel. Il n'est pas davantage possible d'avoir une idée complète de la philosophie de Léonard de Vinci en étudiant ses manuscrits, qu'il ne l'est de conclure, d'après ses œuvres astronomiques, que Newton était un lecteur passionné de Jacob Bœhme. Les classements qui ont été donnés par les éditeurs et les traducteurs des textes de Léonard ne laissent pas une impression très favorable sur sa puissance intellectuelle. Sous les rubriques *Théodicée, Philosophie, Psychologie,* on a introduit maints propos futiles, ou sans aucune relation avec ces matières.

En définitive, les matériaux qui composent les manuscrits de Léonard, ceux qui nous sont parvenus, sont en majeure partie du domaine scientifique ; ils ne sont point du domaine littéraire, philosophique ou religieux. Et nous croyons fermement comme nous avons l'espoir d'en convaincre le lecteur, que ce grand homme, après avoir été absorbé par ses épures d'ingénieur ou ses expériences de savant, a demandé à l'Art le moyen d'exprimer ses idées mystiques. Si l'on s'avise d'émettre un doute sur la qualité mystique de ses œuvres d'artiste et d'affirmer qu'il ne se proposa que de se complaire à la représentation des formes les plus séduisantes, considérées en elles-mêmes, sans autre préoccupation, nous objecterons qu'un homme universel tel que Léonard ne pouvait l'être moins que d'autres hommes universels de son temps, tels que L.-

B. Alberti et Jehan Perréal, et qu'il est resté, réflexion faite, célèbre comme le peintre par excellence du Mystère. Son langage d'artiste est symbolique et, quelque original qu'il soit, il est bien de même genre que celui des grands esprits éminents qui lui étaient contemporains.

Son œuvre est symbolique, nous le verrons, incontestablement ; or le symbole est le signe sensible au moyen duquel l'artiste a exprimé sa Pensée. Si nous déchiffrons le symbole, tout mystère s'évanouira. Avouons-le, la difficulté reste extrême. Cet homme fameux a préféré pour vêtir son abstraction la plastique à la parole qui elle, déjà, peut se retirer dans un sanctuaire souvent invincible.

Pourtant, le royaume des Cieux souffre violence ; de même la Beauté, pour être comprise et aimée veut être violée. A ceux qui se plaisent dans les joies si pures de l'Intelligence de consentir à l'effort qui est déjà lui-même une récompense.

Dante et Léonard de Vinci offrent plusieurs points de similitude.

De toute certitude, Léonard, concernant la dignité de l'Art, est, comme les Platoniciens florentins, dominé par l'influence de Dante. Discourant selon la mode du temps, en un tournoi d'éloquence sur l'excellence des Arts, l'un par rapport à l'autre, il place au premier rang la peinture. « En art, écrit-il, on peut nous dire les petits-fils de Dieu » ; il écrit encore : « Nous pouvons donc à juste titre dire que la peinture est petite-fille de la Nature et parente de Dieu lui-même. » On se souvient que l'auteur de la *Divine Comédie* (ch. XI) prête les paroles suivantes à Virgile :

La Philosophie, me dit-il, à qui s'y applique,
Apprend, non seulement dans un seul passage,
Que la Nature prend sa source
Dans le divin Intellect et dans sa Science (arte) ;
Et si tu apprends bien ta Physique,

Tu trouveras, au bout de quelques pages,
Que dans son art l'Homme, autant qu'il le peut,
Imite, comme à l'égard du maître agit l'élève,
De telle sorte que votre art (arte) est vis-à-vis de
   [Dieu comme son petit-fils.

Je dis que le Vinci s'inspire de Dante. En effet, c'est avec une habileté dialectique qu'il applique le mot *arte* à la peinture. Quoi qu'il en soit, nous sommes à même de constater à quel degré il place son langage de prédilection. Il partage le sentiment de L.-B. Alberti qui affirmait que « la peinture est la maîtresse de tous les arts ; ou au moins son principal ornement ». « Peinture, art divin », dit-il plus loin[1]. Et Léonard proclame enfin dans son enthousiasme : « La science de la peinture est tellement divine qu'elle transporte l'esprit du peintre en une sorte d'esprit de Dieu. » Léonard se transfigure quand il est pontife de l'Art : « Les sens sont terrestres, s'écrie-t-il, la raison est en dehors des sens, quand elle contemple. » (I sensi sono terrestri, la ragione sta fuori di quelli, quando contempla.)

Le Poète-Théologien, Dante, est resté jusqu'ici le type des penseurs jaloux de leur secret. « Vous qui avez l'entendement sain, admirez la doctrine, chantait-il, qui se cache sous le voile de ces vers étranges. » Vous qui avez l'entendement sain...! Qu'est-ce à dire ? Celui qui a la santé de l'entendement sera-t-il le commentateur célébrant l'Alighieri pour le Catholicisme de son enseignement, ou le critique paradoxal qui le transformera en Albigeois, malgré que le poète ait mis en son Paradis l'adversaire le plus acharné de l'Albigéisme, Foulques de Marseille ; sera-t-il celui qui le juge rationaliste. Malgré les Ozanam, les Frédéric Morin et les Aroux, les Ferjus Boissard et les Rossetti,

---

1. *Della pittura,* 1. II, c. III et 1. II, c. VII.

les Bergmann et les Castiglia, le sens de la *Comédie divine* n'a pas rallié l'opinion universelle.

Lui aussi, Léonard, comme Gœthe qui déclare le second Faust plein d'énigmes, fait partie de cette grande famille des Initiés, tenus, paraît-il, à ne pas dévoiler la couleur de leur Gnose, incapables que seraient les multitudes de supporter le poids de la Vérité. Il faut cependant que chaque chose s'accomplisse.

Une métaphysique peut être, dans son expression, d'une obscurité telle qu'on parviendra difficilement à la pénétrer ; mais en art plastique, tout est langage, tout est symbole ; symbole la couleur, symboles la ligne et le geste, symboles les êtres figurés, symbole toute représentation. L'étude d'une œuvre, dans ses particularités, peut être féconde en révélations. Sans valeur par eux-mêmes, ou d'une valeur relative, les détails qui figureront dans un tableau accuseront une Volonté directrice, leur concordance témoignera, en critérium, de l'Idée. La cause génératrice de certaines opinions émises à propos des ouvrages artistiques tient à ce qu'ils n'ont été un trop grand nombre de fois, et déplorons-le, qu'un prétexte à de stériles transpositions littéraires, de vaines et futiles descriptions, lorsque l'attention critique ne s'est pas seulement exercée sur les qualités techniques de ces ouvrages.

En Art tout est symbole, ai-je écrit plus haut ; assurément pour les Hommes de génie l'Art a gardé avant tout, sa condition primitive, celle qu'il aurait dû toujours conserver, d'être un moyen d'expression, une parole, un Verbe. Aux époques créatrices l'Art pour l'Art n'existait pas ; les Beaux-Arts étaient la matérialisation du Sentiment ou de l'Idée. Depuis ces temps fortunés, on s'est contenté, faute de pouvoir planer dans les hauteurs, de nier ce but aux procédés plastiques ou d'imposer des bornes au langage figuré. Contester aux moyens artistiques le droit ou la possibilité d'exprimer certaines pensées a été le triste privilège des périodes décadentes ; jusqu'aux jours qui devaient disparaître avec Léonard, Michel-Ange et Raphaël, la Peinture fut la traductrice des concepts théologiques ou philosophiques. Remarquons que la décadence esthétique date précisément de l'abandon du procédé symbolique. C'était fatal. Le symbolisme vit en correspondance avec notre état psychologique à ce point qu'on peut nommer le symbolisme : la langue universelle, car il n'est pas un seul objet dans la nature dont le nom ne puisse être transporté à des idées d'un ordre différent.

Disons encore avec Pachymère, un commentateur du Père de la philosophie symbolique, saint Denis l'Aréopagite : le symbolisme est en harmonie avec notre nature et notre manière de concevoir. Cette opinion fut celle de saint Augustin également après avoir été celle de Cicéron : une chose notifiée par symbolisme, disait l'évêque d'Hippone, est certainement plus expressive, plus goûtée, plus imposante que si on la déclarait en termes manifestes.

La théorie du symbolisme a pour docteur l'inspirateur de la Renaissance, Platon. Ce monde, déclarait-il au Timée, n'est qu'une image d'un exemplaire divin. Plotin charmait aussi ses disciples en leur énonçant que c'est la beauté des choses sensibles qui révèle l'excellence, la puissance et la bonté des essences intelligibles et qu'il y a une connexion éternelle entre les essences intelligibles, qui existent par elles-mêmes, et les choses sensibles, qui en tiennent éternellement l'être par participation et qui imitent la nature autant qu'elles le peuvent. C'est pourquoi, d'après saint Cyrille d'Alexandrie, parmi les Pères de l'Église, ces grands symbolistes, ce qui est en nous nous conduit à l'intelligence de ce qui est au-dessus de nous ; les choses corporelles souvent prises comme termes de comparaison pour nous élever à la connaissance des questions plus subtiles.

Écoutons encore Ozanam, qui appelait le symbolisme, le procédé philosophique et méditons-le : « Le symbolisme est à la fois une loi de la nature et une loi de l'esprit humain. C'est une loi de la nature : après tout, qu'est-ce que la création, si ce n'est un langage magnifique qui nous entretient nuit et jour ?... Ainsi Dieu parle des signes, et l'homme, à son tour, quand il parle à Dieu, épuise toute la série des signes dont son intelligence dispose. » Enfin entendons Marsile Ficin, Léonard tendit une oreille attentive à l'esthétique du Platonisme qui disait, en commentant Plotin : « *Ars imitatur naturam, natura Deum.* » Nous acquerrons par la suite la conviction des rapports unissant le Vinci à la théorie platonicienne du Beau. Que Léonard ait lu directement ou non les ouvrages de Ficin, peu importe : je veux signifier que son art a été imprégné de l'esthétique qui a été la splendeur du siècle où il a vécu.

En somme, quels sont les principes fondamentaux d'un Art complet : l'esprit et la forme que Cyprien Robert appelait les deux sexes de la Beauté. L'esprit manifesté par la plus belle des formes, la forme vivifiée par l'esprit le plus élevé constituent l'Art en *Révélation,* en Révélation d'une pensée éternelle, magnifiée par la splendeur d'une forme archétype. Or, J.-F. Pic de la Mirandole nous enseigne : « *Ars nulla circa falsum constituitur* » ; à Léonard de Vinci donc revient l'impérissable gloire d'avoir réuni, en une synthèse difficile à surpasser, le Vrai et le Beau, en un mot, d'avoir réalisé au plus haut degré jusqu'ici dans une grandiose harmonie la vérité morale et la vérité artistique.

L'Art est un symbole, c'est-à-dire la représentation de l'invisible par une chose visible, un Verbe ; le symbolisme une loi de l'esprit humain. Qu'est-il encore le symbolisme ? Il est un chapitre ou mieux une forme de la Théologie, puisque les objets de création représentent les attributs divins, puisque les modes sensibles démontrent les sphères invisibles. Le symbolisme est donc la science des rapports, aussi Philon le

Juif pensait-il que les « êtres intelligents » aiment le langage symbolique.

Malgré le charme de la spéculation intellectuelle, comment ne pas préférer en un certain sens la théologie figurée des artistes hiératiques que nous appelons primitifs et dont Léonard marque le terme sublime à l'aridité des syllogismes scolastiques ? Que nous importe celui qui *démontre* l'existence du Ciel devant l'Artiste qui nous *montre* le Ciel ? Et Angelico l'a vu ; il l'a vu, en vérité, puisqu'il l'a peint, c'est là le langage de Michel-Ange. L'acuité de cette vision céleste est à ce point perçante que les formules d'admiration meurent sur les lèvres ; nous succombons sous le poids de l'ivresse contemplative devant les images sacrées, emportés au sein de l'extase sur les ailes séraphiques de ces divins inspirés, de ces familiers de la Divinité qui peignaient le Christ, la Vierge, en extériorisant l'Idéal qu'ils avaient en eux.

Toutefois, si les peintres mystiques ont fait descendre le Ciel sur la Terre, il est plus juste de dire que Léonard a porté l'élément humain sublimisé jusqu'au point divin.

Mon projet actuel ne comporte pas une histoire de la Symbolique pour laquelle les ouvrages d'art me fourniraient de concluants exemples ; je ne veux pas non plus en marquer les différentes phases d'évolution. Cependant, avant de me placer au cœur de mon sujet : *la Pensée religieuse de Léonard de Vinci*, je dois apporter des références aux propositions que j'ai énoncées. Ainsi, ma théorie se clarifiera et il ne sera pas nécessaire de prévenir que si cet écrit est en quelque sorte une thèse, l'imagination n'y a aucune part.

Peut-être trouvera-t-on, puisque notre siècle se borne à reconnaître à l'Art un rôle seulement décoratif, que je donne trop de part à l'intelligence, peut-être encore jugera-t-on que je prête aux artistes d'autrefois une esthétique qu'ils ignoraient ; mais je n'oublierai pas de traiter cette question au cours de ces pages.

Disons seulement à cette occasion que Léonard a souvent intrigué ses admirateurs par le côté ésotérique des œuvres. Rio remarquait : « La tendance philosophique de son esprit, combinée avec la tournure grâcieuse de son imagination, lui suggéra la création d'un genre à part qu'on pourrait appeler le *genre symbolique*, et dans lequel il a répandu assez de charmes pour se faire pardonner les obscurités qui en sont inséparables. » Ces obscurités ont toujours frappé même les esprits qui ne sont pas très cultivés, il s'agit d'en percer le mystère, ou tout au moins mon essai se trouve justifié.

Avant de le tenter, recommandons-nous encore de Charles Blanc. Ce critique, dans une page généralement remarquable par la finesse des aperçus, signale chez Léonard « un goût très prononcé pour les emblèmes. » Il l'attribue à une « légère dose d'idéal germanique » qu'il découvre en son âme. « Il y avait en lui, écrit-il, quelque chose des grands esprits du Moyen-Age et je ne sais quelle teinte de poésie mystique, moitié italienne, moitié allemande, semblable à celle qui voilait les conceptions de Dante et qui colorait parfois l'imagination obscure d'Albert Dürer. » Nous n'avons pas à discuter sur l'origine de ce penchant symbolique. Le critique se contredit lui-même. Il poursuit son discours, en effet, en disant : « Voulant concilier la réalité et l'idéal, la science et l'art, la vie qui palpite et la vie qui pense, Léonard de Vinci dut conserver cette tendance au symbolisme qui caractérisait les peintres antérieurs, depuis Giotto jusqu'à Fra Angelico et Botticelli. »

CHAPITRE PREMIER

Léonard de Vinci enseigne : « La peinture considère l'esprit à travers les mouvements des corps. »
Parcourons du regard cette Galerie idéale composée par les tableaux du monde entier ; et demandons aux théoriciens de l'Art pour l'Art, à ceux du Naturalisme, bref à tous les doctrinaires qui ne voient dans l'expression esthétique qu'un but et non un moyen, pourquoi dans leurs pieuses « Nativités » les peintres, de différentes écoles, ont souvent représenté l'enfant Jésus le doigt posé sur les lèvres, ses regards généralement tournés vers sa sainte Mère. La répétition constante de cette particularité n'est-elle pas l'indice d'une idée commune à tous ? Que ce thème favori ait été interprété, pris au hasard, par Luini *(Louvre)*, Lorenzo di Credi *(Dresde, Carlsruhe)*, Philippo Lippi *(Louvre)*, ou bien encore par le Spagna *(Louvre)*, Ghirlandajo *(Florence)*, le Pérugin *(Galerie-Pitti)*, Botticini *(Strasbourg)* et l'on en pourrait nommer une multitude, le divin Nourrisson garde le geste traditionnel du doigt sur la bouche. N'y a-t-il pas là une raison, un ésotérisme ? Évidemment, une semblable habitude de représentation ne domine pas les artistes jusqu'à leur supprimer toute liberté d'inspiration, mais nous ne nous

trouvons pas moins, semble-t-il, en présence d'un mode rituel, pourrait-on dire, de figuration par suite du grand nombre de « Nativités » où le doigt de l'enfant Jésus est identiquement placé. Nous allons voir aussi qu'il en est de même pour certain symbole, le chardonneret, qui se retrouve jusqu'à neuf fois dans la seule galerie de Sienne. Que les peintres se soient transmis des traditions me paraît indéniable.

Pour les « Nativités » le sens du langage dactylologique tenu par Jésus à sa Mère se trouve dans cette traduction : que ma vie soit cachée un temps ; ne révélez pas ma Divinité avant que les jours de ma vie publique ne soient arrivés.

Une interprétation plus profonde est encore possible. Souvent, la théologie des peintres enseigne que les mystères des Chrétiens étaient la réalité des mystères Gentils. Les artistes se révèlent Initiés. A ce titre, les « Nativités » se constituent en séance d'Initiation.

Les Ethniques individualisaient ce moment de la Théophanie que nous appelons « Nativité » par le symbole d'Harpocrate. On sait, d'autre part, que les Anciens dessinaient ce symbole sous les traits d'un enfant, la bouche scellée par un doigt. Les Grecs l'appelaient *Sigalion.* Harpocrate est, en effet, le dieu du Silence, il est aussi le dieu-soleil[1].

Solaire, il représente l'astre du jour à sa naissance ; dieu du silence, il est aussi le dieu de la justice. Plutarque le désigne alors comme symbole de la révélation divine. Les analogies entre les deux conceptions, ethnique et chrétienne, sont perceptibles : l'enfant Jésus est le soleil de Justice à sa naissance ; il est aussi le symbole de la genèse de toutes choses et de leur renaissance ; les anciennes théosophies le nommaient Harpocrate.

---

1. Harpocrate a pour symbole le pêcher. Cet arbre a des fruits semblables au cœur, et des feuilles semblables à la langue ; aussi, rapporte la tradition : la langue ne doit parler avant que le cœur n'en est décidé.

Mais retenons l'affirmation du philosophe de Chéronée : Harpocrate, dit-il, est le symbole du langage que les hommes doivent tenir des dieux. Gruter a révélé une inscription latine où il est désigné sous le nom de *Phosphorus*, c'est-à-dire *porte-lumière* ou *lumière naissante*. Ce surnom convient parfaitement à Jésus-Enfant. Le doigt sur la bouche invite au silence, au respect dû à la divinité et recommandé dans les Mystères. Fermer les lèvres, se taire, traduit le grec *muô* ; le radical de ce verbe engendre *Mustès*, initié aux petits mystères.

Initiateur comme Dieu, le doigt sur les lèvres de Jésus correspond à la célèbre formule *Konx Om Pax* d'Éleusis ; en tant qu'homme le Christ ne devait-il pas croître en sagesse jusqu'aux jours de la Gnose révélée, c'est-à-dire jusqu'à l'époque de la Prédication suivie du drame époptique, le drame de la Croix ?

Dans le tableau de Raphaël, connu sous le titre de *La Belle Jardinière* (Louvre), la pensée intérieure du peintre apparaît plus immédiatement lucide. Il suffit de remarquer que Jésus laisse son pied gauche sur celui de la Vierge en se rappelant le proverbe : *Qui marche enfant sur le pied de sa Mère plus tard lui marchera sur le cœur*. Marie ne devait-elle pas avoir le cœur percé d'un glaive ; ne devait-elle pas être la Mère aux Sept-Douleurs ?

Aux époques de Beauté, les Artistes aimaient à parler le langage symbolique, car, en ces périodes d'harmonie, les sens étaient comme des messagers de la connaissance et l'intelligence notre reine, pour me servir des expressions de Plotin. Les Artistes traduisaient ces hiéroglyphes par lesquels tous les esprits communiquent entre eux et avec l'Esprit infini, aussi les philosophes étaient-ils poètes, les poètes métaphysiciens, et les peintres chantaient comme des poètes ou révélaient le mystère comme de profonds penseurs ; tous se réunissaient dans l'Unité d'un même Idéal dont la forme expressive est multiple.

Botticelli s'inspire de Martianus Capella, l'auteur du fameux livre : *le Mariage de Mercure avec la Philologie* dans sa fresque des Arts libéraux de la villa Lemmi, conservée au Musée du Louvre aujourd'hui ; dans une suite de dessins, faussement appelée, disent quelques-uns, jeu de Tarot, attribuée par les uns à Botticelli, à Mantegna par d'autres, se retrouve tout le mystère encyclopédique de Dante. Et ce Mantegna a, non seulement, dans son allégorie : *La Sagesse chassant les vices*, où les moins clairvoyants peuvent lire, mais aussi dans son merveilleux ouvrage : *le Parnasse*, conduit sa pensée sous les lois du symbolisme.

L'idée de Botticelli se déchiffrera d'elle-même dans les tableaux désignés sous les vocables de la *Madone du Magnificat* (Louvre), de la *Madone della Melagrama* (Florence), si le spectateur se souvient que la grenade est le fruit qui symbolise l'Église.

Très souvent, ai-je encore remarqué, la Vierge tient sur ses genoux le Bambino caressant un oiseau. Cet oiseau, est-il le rossignol, le pinson ou le moineau cher à saint François d'Assise ; non c'est le chardonneret. Pourquoi ? La raison en est toute simple : cet oiseau est l'emblème de la Passion. Le chardon étant le symbole de la souffrance et des épreuves, l'idée de la Passion s'est attachée à l'oiseau qui aime la graine de chardon.

Mais de ces données jetons un regard scrutateur sur la « Nativité » si profondément mystique de Philippo Lippi qui se trouve en notre Louvre. L'enfant, sa mère, saint Joseph, un bœuf, un âne, un berger gardant paisiblement les troupeaux, des anges, chantant l'Hosannah, tels sont les éléments légendaires du sujet, ils se complètent de lézards sur les ruines, enfin et encore... le chardonneret. Ces éléments complémentaires sont les clefs révélatrices de la pensée dévote de l'Artiste : en opposition au vieux monde tombant en ruines sur lesquelles se plaisent les lézards, s'élève un monde nouveau régénéré, le monde de la paix emblématisé par le berger jouant du pipeau. Mais ce Mystère de la Rédemption — le chardonneret nous le dévoile — ne s'opérera que par la douloureuse Passion du divin Enfant.

Voici encore un exemple très significatif. Le musée des « Uffizi » possède une œuvre de Raphaël où par deux fois l'idée intérieure, mystique, du peintre est symbolisée. L'enfant Jésus marche sur le pied de sa mère tout en caressant un chardonneret que lui présente saint Jean le Précurseur. Des archéologues, tels que le comte Grimoüard de Saint-Laurent pour en citer un, ne sachant point les motifs secrets qui ont guidé les artistes et cependant étonnés de la fréquence des détails symboliques, les attribuent à la routine. Le lecteur comprendra parfaitement que le hasard — ou la routine — à laquelle on attribue tant de choses n'est pas l'auteur d'une si frappante concordance. Il faut accepter désormais la réalité d'un sens intime, d'un ésotérisme, chez ces grands hommes qui ont laissé d'aussi précieux témoignages de leur foi attendrie, cluse dans les emblèmes conservés par la Tradition. Il faut l'accepter au même titre que nous devons admettre la réalité de leur intention de représenter la Vierge chantée sous le nom d'Étoile de la mer *(Stella maris)* dans les Litanies, lorsqu'ils dessinent une étoile d'or sur le manteau, généralement de couleur marine, de la Reine des Cieux, de représenter la Mère du Sauveur comme étant la nouvelle Ève, lorsqu'ils placent une pomme dans ses mains, comme Verrochio, par exemple (Louvre)...

Est-il besoin de s'étendre longuement sur les avantages intellectuels et moraux qui sont inhérents à cette manière de *regarder* un tableau ? Médiateur entre l'Invisible par le Visible, l'Artiste dévoile l'Invisible par le Visible, incarne du Divin dans une Forme au moyen d'un symbole par lequel il parle, il communie avec la multitude pour la faire remonter, par la contemplation et par l'extase, du Fini à l'Infini.

La découverte du sens symbolique des objets représentés par l'Artiste promeut notre esprit jusqu'au centre objectif de sa pensée ; nous la connaissons indubitablement et c'est alors que nous pouvons donner, en toute certitude, un libre cours à nos méditations personnelles, laisser déborder les effusions de notre cœur, sans être livrés aux fantaisies de notre imagination, en un mot sans prêter notre idée aux maîtres des formes.

L'Artiste, par la méditation des symboles, devient réellement un conseiller spirituel, un conducteur d'âmes. Tout mystère s'éclaircit ; et montant les degrés de la contemplation, nous apercevons l'horizon théosophique ; aussi, tour à tour, le charme d'un sourire nous captive jusqu'à partager la joie sainte de cette Vierge qui regarde tendrement son Fils, la mélancolie d'un regard nous gagne jusqu'à l'attendrissement pour une Mère qui connaît la Douleur des agonies rédemptrices.

Le mystère s'éclaircit encore ; le rythme des gestes, si amoureusement protecteurs, se révèle, significatif. Nous nous expliquons pourquoi le peintre a dessiné les bras de Marie, en ceinture défensive, autour de ce Jésus qui caresse un oiseau, le chardonneret ! Il le caresse et nous entendons le langage des yeux divins qui semblent dire : Je suis l'envoyé de mon Père pour le salut de tout l'Univers.

Peu à peu l'admiration s'échappe de nos lèvres en paroles... en paroles d'oraison ; et c'est ainsi que venus pour regarder un tableau, nous sommes transformés en dévots par le Mystagogue caché sous le peintre ; profane, le Musée est devenu le Temple.

Il ne reste plus qu'à appliquer notre méthode aux œuvres de Léonard.

CHAPITRE II

De nos temps, on a beaucoup parlé de Sciences occultes. Plusieurs écrivains se sont demandé quels rapports unissaient Léonard de Vinci aux doctrines des astrologues et des alchimistes. Eugène Müntz, à ce sujet, écrivit tout un chapitre et d'après lui, l'Artiste se plaisait dans « la société, des mystiques, des illuminés, des astrologues, des alchimistes, des charlatans de toute sorte ». On a même longtemps discuté sur un voyage que Léonard aurait entrepris pour aller en Égypte et toutes les suppositions ont été faites sur les connaissances qu'il aurait acquises en Orient. Ravaisson-Mollien a jadis opposé quelques arguments aux partisans de cette expédition orientale en déclarant que le peintre n'avait point quitté l'Italie, entre 1472 et 1483, dates assignées au déplacement pendant lequel l'auteur de la *Cène* se serait converti au Mahométisme ; toutefois le problème du voyage de Léonard en Orient n'est pas encore définitivement résolu.

Mais il n'est pas question pour nous de Sciences occultes à propos de Léonard. Il n'y a pas de Sciences occultes, la Science seule existe avec, d'autre part, l'affirmation humaine ; or, qu'en homme de raison, le peintre ait pesé le crédit qu'on devait accorder aux fai-

27

seurs de prestige, assurément, sa critique s'est exercée à cet égard pour repousser les chimères de l'esprit humain. Les textes de Vinci abondent contre les nécromants, les alchimistes et autres adeptes de ce qui a été appelé l'Art noir ; M. Eugène Müntz en a cité quelques-uns qui suffisent à détourner l'idée d'assimiler Léonard aux diseurs de prodiges, et dès lors le qualifier de « Mage », en supposant notre héros adonné aux pratiques cachées, comme l'ont fait plusieurs modernes, reste une erreur.

Le fait d'écrire de droite à gauche a été l'occasion de suppositions qui prouvent une vaine subtilité, puisqu'on peut simplement expliquer cette étrangeté, comme d'autres l'ont pensé, en croyant que Léonard était gaucher, plutôt que d'imaginer quelque nécessité de se cacher par crainte de l'Inquisition.

Les critiques ou biographes qui aiment dramatiser un peu leurs récits ne disent point, d'ailleurs, ce qu'un Inquisiteur aurait pu trouver de répréhensible dans les manuscrits de Léonard.

Cependant, faut-il pleinement se féliciter que Léonard n'ait point couru la chimère de l'Alchimie ? Plût au Ciel qu'il se fût adonné aux sciences aventureuses, plutôt que de s'adonner, par manie, à la recherche de recettes pour l'emploi des couleurs ; plutôt que d'avoir appliqué sur le mur, pour l'exécution de ses fresques, des matières qui en peu de temps s'altérèrent et ne laissèrent que des ruines ! En 1517, le cardinal d'Aragon visitait le couvent de Sainte-Marie des Grâces, et, rédigeant les mémoires de voyage de cette Éminence, son secrétaire note que la *Cène* commence déjà à se gâter. Au surplus, les critiques, qui expriment avec suffisance leur satisfaction que Léonard ne se soit pas livré aux recherches des adeptes de la Tradition hermétique, savent-ils seulement quels sont les principes scientifiques qui sont à la base de l'alchimie ? Léonard ne l'ignorait pas. Remarquons, en effet, que chez les alchimistes, c'est le but qu'il condamne : la production de l'or. Concernant leurs opérations, observons ce qu'il dit : « Leurs productions, à vrai dire, méritent d'être louées sans réserve pour l'utilité des inventions qu'ils ont mises au service des hommes, elles le mériteraient plus encore si parmi elles il n'y en avait point de novices, telles que les poisons et autres de même sorte, qui détruisent la vie et l'intelligence... » Ne doit-on pas glorifier, assurément, un spagyrique comme Davisson, fondateur de l'enseignement public de la chimie en France (1613), qui avait pour principe de recourir au témoignage des sens et de l'expérience, ce qui ne l'empêchait point d'être séduit par les influences mystiques du Pythagorisme, et de conjuguer ses observations scientifiques avec le symbolisme des nombres et des formes, exprimant l'Harmonie universelle [1].

Cependant il y a en tout du mystère ; ce sont les lois harmoniques de la Nature exprimées sous les apparences sensibles, les étudier pour remonter à leur Auteur comme l'Artiste en a témoigné maintes fois, c'est là s'adonner à l'étude du seul et vrai Mystère. Léonard de Vinci s'est révélé grand fidèle de l'école cosmique.

Des tableaux de cet homme universel plusieurs doivent être considérés plus particulièrement, ces œuvres sont, à mon avis, les témoignages de ce que je nommerai la Philosophie de Léonard de Vinci. Par la date où elles furent exécutées, je les envisage comme le testament de sa Pensée : nommément : *le Précurseur*, *Bacchus*.

Certes, je le sais, à la faveur de l'obscurité où

---

[1]. Léonard n'est-il pas un peu illogiquement rigoriste en réprouvant la découverte des substances nocives par les alchimistes, lui qui s'appliqua aux inventions de la science militaire, à des machineries imaginées pour mieux porter la mort qu'on ne l'avait fait jusqu'à lui ? Il est vrai qu'il est excusable par le fait qu'il pratiqua sa science d'ingénieur faute de mieux. La biographie de Léonard est souvent légendaire. Réfléchissons qu'il eût peu à se louer des hommes et des événements. Ses dernières années seulement furent pour lui une consolation.

s'est complu le Maître, ces deux figures se posent en énigmes. Les jugements les plus contradictoires, les plus absurdes aussi, ont été portés sur ces ouvrages uniques ; et, les foules, toujours passives, se font l'écho d'opinions qui trouvent leur source dans une préconception de système. Certain critique juge que saint Jean a le tort de ressembler plutôt à une femme délicate qu'au rude prédicateur du désert, au fanatique mangeur de sauterelles ; un autre non moins écouté écrit que l'auteur de la *Cène* n'est ni liturgique, ni chrétien, ni religieux à aucun degré et que saint Jean est une image de la Volupté. On pourrait à loisir multiplier ces citations, preuves éclatantes des préjugés d'illustres écrivains.

Quittons ces docteurs et cherchons à pénétrer dans la pensée intime du Mage, du Voyant florentin. Découvrir son ésotérisme nous consolera de vivre dans une époque où l'Art se traîne lamentablement.

A cette fin, réjouissons-nous avec transport de trouver réunis au Louvre, le *Baptiste* et le *Bacchus* ; leur examen comparatif nous aidera dans la connaissance du mystère troublant que gardent les lèvres souriantes du saint Précurseur et du sens indiqué par les gestes symboliques du dieu ethnique. Les doctrines philosophiques et les sentiments religieux de Léonard de Vinci se déduiront ensuite d'eux-mêmes.

Tout d'abord, un mot à l'adresse de ceux qui me paraissent avoir étudié la Théologie dans Arouet et qui semblent posséder de la Religion une notion pharisaïque : la Religion ne consiste pas à élargir ses phylactères et à ajouter à la longueur des franges de son manteau. Peut-être et à coup sûr, Léonard n'était-il pas dévot ou superstitieux ; mais, où sont les preuves, demanderai-je, permettant d'inférer que celui qui ne travailla jamais à la tête du Christ sans que sa main ne tremblât, fut tellement infecté de notions hérétiques qu'il ne croyait à aucune espèce de religion et qu'il mettait la philosophie au-dessus du christianisme. Partager sans contrôle la partialité d'un Vasari est d'une logique bâtarde ; ce biographe versait trop facilement le soupçon d'hérésie puisqu'il déclara que Botticelli, partisan de Savonarole, était hérétique[2].

A l'anecdotier de la Renaissance, j'opposerai de suite le jugement plus sûr en cette manière du fondateur de la bibliothèque ambroisienne, du neveu de saint Charles Borromée, qui consacra tout son zèle à la conservation des bonnes traditions artistiques. Les deux peintres favoris de ce grand archevêque furent justement Léonard et Luini. Montrons aussi sur quelles raisons Vasari établissait ses jugements. Ce ne sera pas indifférent à propos de Léonard puisqu'il eut pour Botticelli une amitié particulière, le citant dans ses manuscrits où peu de personnes sont nommées, et, comme les deux Artistes sont enveloppés dans la même réprobation, nous tiendrons la preuve qu'ils n'étaient pas indifférents aux sujets religieux et philosophiques.

Quel motif porta donc Vasari à calomnier Botticelli ?

« Palmieri avait inspiré au peintre Sandro Botticelli, dit César Cantu, un tableau représentant l'Assomption de la Vierge, entourée d'une gloire de petits anges qui lui servaient de couronne. Comme on avait répandu sur son livre (de Mathieu Palmieri : *La Vie Civile*, 1483) d'étranges bruits que le public accueillit avec sa légèreté habituelle, on crut que le tableau avait aussi une teinte d'hérésie ; et comme chacun y voyait le fantôme créé par son imagination, les ecclésiastiques se virent forcés de couvrir cette toile, jusqu'à ce que l'effervescence des esprits s'étant calmée, ils la rendirent à la vénération des fidèles[3]. »

---

2. Rappelons que Vasari affirmait que Léonard est mort à l'âge de soixante-quinze ans, au lieu de soixante-sept. Il ajoutait donc l'erreur matérielle à la partialité avec laquelle il a rédigé sa biographie de l'Artiste.
3. César CANTU, *La Réforme en Italie*. (Discours IX.)

Dans son ouvrage, ce Palmieri soutenait que nos âmes sont les anges qui, dans la rébellion primitive, ne furent ni pour, ni contre Dieu. Cette légende qui sent son Rabbinisme n'aurait pu fournir l'occasion aux inquisiteurs d'allumer un bûcher. Palmieri soutenait encore que l'âme délivrée du corps transmigre à travers plusieurs sphères, avant d'arriver au ciel. A tout prendre, si par l'influence de cet auteur, Botticelli partageait cette croyance, générale dans l'Antiquité, nous pouvons penser que Léonard ne parlait pas, en compagnie de son cher Sandro, du canal de la Martesane.

Mais, encore une fois, lisons les peintures de Léonard.

Qu'est-ce que Bacchus ? Qu'est-ce que saint Jean ? L'antiquité qualifia le dieu Bacchus au moyen de nombreux surnoms, afin d'apporter une distinction dans ses attributs. La Litanie des dieux de Gémiste Pléthon sera une puissante affirmation pour justifier nos intuitions sur Léonard, en même temps elle fixera la conception des Humanistes à propos de Bacchus. Voici, en attendant, relevées, quelques épithètes dyonisiennes : celui dont on ne doit pas révéler les mystères (Αῤῥητος), engendré dès le principe (Αρχεγονος), le dieu à la forme belle (Αγλαὀμορφος)... A la multiplicité d'épithètes qui lui convenaient, correspondit la variabilité du canon plastique. Au lieu de le représenter suivant une même règle hiératique, sa forme changea précisément avec les diverses significations des idées dont son image était l'incarnation. Il y aurait une étude très curieuse à faire sur le type artistique de Bacchus chez les Grecs, il en résulterait la constatation qu'un quadruple mode d'expression, symbolisant les quatre âges de la Vie universelle, fut en usage. Emblème du Printemps, on le voit sans barbe, les cheveux tombant en boucles épaisses sur les épaules, il est androgyne, Θηλύμορφος comme dit Euripide. Léonard l'a fixé à ce moment, le peintre moderne correspond ainsi à Praxitèle qui subtitua les formes éphébiques à l'ancien type barbu du dieu⁴. Bacchus, dieu solaire, est le créateur de la Vie universelle sur la Terre, il est la force génératrice de l'Univers⁵. Il est l'Osiris égyptien, aussi est-il recouvert de la nébride, emblème du dieu-soleil d'Égypte, la peau de la nébride est le ciel, les taches en sont les étoiles. Bacchus, brillant Phanès, chanté par Orphée a les deux principes : Liber et Libera ; le premier, la chaleur, principe de création ; le second, l'humidité, principe de toute végétation. Il est en somme le dieu Tout : Pan.

Bacchus est finalement le dieu de l'Univers. Aux époques du culte primitif, on l'adorait dans les déserts, dans les sombres forêts. Léonard de Vinci exprime symboliquement cette idée en plaçant son type au sein d'un paysage tandis que le Précurseur se détache sur un fond abstrait, ou plutôt sur un fond de ténèbres, car « la lumière luit dans les ténèbres et les ténèbres ne l'ont pas saisie⁶ ». Remarquons même avec une certaine attention que Léonard n'a pas eu un instant l'idée de montrer le dieu particularisé dans son attribut de dieu des vendanges, mais bien le dieu des traditions primitives, le dieu total, car les anciens poètes ont toujours donné à Bacchus pour séjour les bois et les montagnes.

Se conformant à la donnée traditionnelle, l'Artiste a couronné la tête divine de lierre, symbole de la perpétuité de la vie ; il a couvert d'une peau de chevreuil, symbole du Temps, la divinité éleusinienne, selon Nonnus dont Léonard avait lu le poème sur *Bacchus* ou les *Dyonisiaques*⁷.

Bacchus se qualifie *dieu anacte,* c'est-à-dire bienfaisant ; Eusthate rapporte, d'après un commentaire sur

---

4. O. MULLER, *Manuel d'Arch.,* t. II, 1ʳᵉ part., p. 209.
5. JABLONSKI, *Proleg.,* ch. 1, p. 2.
6. SAINT JEAN (ch. 1, v. 5).
7. Cet auteur figure dans la liste des ouvrages qui a été dressée par Eugène Müntz comme formant la bibliothèque de Léonard.

les mots des païens, la traduction du mot ésotérique *anax* : Filius Terræ, et Cœli. Bacchus est Fils du Ciel et de la Terre, et c'est pourquoi le poète de Panopolis, Nonnus, chante : « Bacchus, rejeton de Jupiter, le seul à qui Rhéa ait tendu sa vivifiante mamelle. » Enfin, comme Plutarque, aux Symposiaques[8], nous révèle que le plus jeune des dieux helléniques est le dieu des Juifs et nous montre les rapports entre les cérémonies judaïques et les fêtes bachiques, nous concluons au caractère messianique de Bacchus. Pour les Grecs, Bacchus est le Messie.

Il est le Verbe ; comme la Sagesse était avant que le monde ne fût, il a brillé, dans le commencement, le premier au sein des ténèbres.

Une rapide incursion dans le dogme dyonisiaque me paraît nécessaire ; le résultat en corroborera les premières inductions qui m'ont amené à donner le titre sacré au personnage mystique du Panthéon hellénique, à fixer son caractère essentiellement messianique. Et comme Léonard a le soin de placer mystérieusement les mains de ses personnages en gestes indicateurs d'énigmes, laissons-nous conduire par ces index qui seront une précieuse ressource par l'exégèse de sa pensée. Rien n'est plus curieux que la position de l'index des mains dans plusieurs tableaux de Léonard ; par ce procédé dactylologique, les personnages figurés par l'Artiste deviennent vivants et parlent.

Écoutons.

L'index de la main gauche, chez *Bacchus,* tenant le thyrse dont la pointe est tournée vers le sol, alors que, dans le Baptiste, l'analogue du thyrse — la Croix — est dirigée vers le haut, indique avec ostentation la même direction inférieure. Le parèdre de Cérès — Bacchus — ne semble-t-il pas montrer les lieux bas, l'intérieur de la terre, c'est-à-dire l'antre des mystères, le *spelœum,* où l'initié, pour employer le style pythagoricien, descendra

---

8. *Propos de table* (I. IV, quæst. V).

aux enfers ? Or, Porphyre nous enseigne que la grotte des mystères est un symbole cosmogonique, c'est l'œuf primordial d'où est sortie la substance androgyne. L'antre, dit-il, est le symbole du monde sensible et de toutes les énergies cachées parce que les antres sont obscurs et l'essence de ces énergies est mystérieuse. Par un effet de l'action divine « le monde matériel sortait de l'enveloppe du chaos : le chaos était figuré par l'œuf, qui était consacré dans les mystères de Bacchus comme le type ou l'image de ce qui produit et contient tout[9] ».

Bacchus est le Démiurge et la Providence du Monde.

Certaines de ces cavernes mystériales étaient peintes en rouge, celles d'Alexandrie entre autres. Faut-il voir dans cette singularité le motif pour lequel Léonard a coloré son dessin en rouge, alors que saint Jean le Précurseur, Annonciateur du divin Orient, du Soleil de Justice est teinté en jaune brillant ? Je rappelle que la Renaissance avait une symbolique des couleurs. Est-ce parce que dans les cérémonies bachiques on portait l'attribut du dieu, peint en rouge ? Dans le symbolisme de l'Antiquité, déclare Edelestand du Méril, le rouge représentait la plénitude et la puissance de la vie[10]. Cette coloration est-elle au contraire motivée par suite du parallélisme entre Bacchus-Verbe et Bacchus-Premier-Né, parallélisme retrouvé entre Jésus-Christ, Nouvel Adam et Adam-Premier-Né, ombre projetée d'Adam céleste ? On sait en effet qu'Adam veut dire « le rouge », en hébreu. Quoi qu'il en soit, le lecteur se rend compte qu'une conclusion légitime s'impose : évidemment Léonard de Vinci, exécutant ces deux ouvrages, — *Bacchus* et *le Précurseur*, — simultanément, était sous l'empire d'une seule et unique idée[11].

---

9. ROLLE, *Recherches sur le culte de Bacchus* (t. I, p. 141), rapporte ici l'opinion de Plutarque.
10. *Éléments d'archéologie,* Paris, 1862, p. 67.
11. *Bacchus* (de L. de Vinci). Originairement, c'était un *Saint Jean-Baptiste dans le désert.* Les feuilles de pampre et les grappes de raisin

Nous verrons bien dans la suite la qualité de son christianisme, car déjà nous pouvons affirmer son caractère religieux.

Faudrait-il donc attribuer à la fantaisie le choix des deux symboles dont la signification théosophique est analogue : la messianité ? Faudrait-il alors s'abandonner à cette notion : l'Homme de Génie livré au pur caprice de l'imagination comme l'Homme de Médiocrité ? Je ne l'ignore pas ; les critiques réfractaires aux interprétations symboliques des œuvres d'art, considèrent les élucidations mystiques comme un fruit de l'imagination. Le chef-d'œuvre est un prisme, disent-ils encore, et, donnant une large part au coefficient de l'inconscience dans la création géniale, ils prétendent que le chef-d'œuvre contient, à l'insu de son auteur, les éléments de tout commentaire, quel qu'il soit.

De telles doctrines sont consolantes pour les esprits inférieurs. Or, je n'en prétends pas moins que le Génie est la conscience même, et ce *je ne sais quoi* d'inconnu, de mystérieux qui semble déborder l'envergure de l'intelligence humaine, constitue la partie divine de la conception suprême dont l'homme supérieur s'est rendu l'interprète en se l'assimilant plus ou moins intégralement selon l'amplitude de ses facultés personnelles. « La science de la peinture, notait Léonard, est tellement divine qu'elle transporte l'esprit du peintre en une espèce d'esprit de Dieu [12]. »
Un simple raisonnement pour convaincre les esprits prévenus. Toutes les œuvres éminentes, parmi celles des Maîtres, ne sont pas susceptibles de commentaires

---

sont des accessoires ajoutés pour en faire un Bacchus... Ce qui confirme cette assertion, c'est qu'une copie représentant Saint Jean-Baptiste est conservée dans l'église de Saint-Eustorge à Milan. (Note de Passavant, citée par le Dr M. J. RIGOLLOT, *Histoire des arts du dessin,* p. 288. Essai d'un catalogue des Œuvres de L. de V.)

12. L.-B. Alberti avait exprimé une doctrine identique : « par les mouvements des corps, nous peintres, nous voulons exprimer les dispositions des âmes. » (*Della pittura,* p. 30, éd. de Naples, 1733.)

symboliques. Tous les chefs-d'œuvre ne seraient donc point des prismes ? En effet, seuls les Artistes, posés en Dominateurs sur les degrés hiérarchiques de l'Intelligence, relèvent de la méthode ésotérique ; parmi eux, penseur égal à l'artiste, Léonard.

Revenons à la signification de ses tableaux.

Orphée, c'est un point acquis, introduisit le culte de Bacchus en Grèce, dans l'île de Samothrace et, au dire de tous les mythographes, les Orphiques conservèrent le véritable esprit primitif du mythe dyonisiaque. Laissons-nous conduire par la tradition orphique pour mieux connaître la théologie bachique. D'après cette tradition, dieux démiourgique, Bacchus est le dieu des quatre éléments de la Nature, c'est celui de la propagation, le dieu mystique, le dieu caché, *deus absconditus*. D'autre part Bernard de Maufaucon[13] affirme avec raison que c'est en l'honneur du fils de Jupiter et de Sémélé que se font les cérémonies orphiques. Quel était, dès lors, le but de ces cérémonies ? Servius va nous répondre : la purification des âmes[14]. La morale proposée s'épanouit définitivement en doctrine d'expiation. Pour tout dire, en un mot, la doctrine orphique est une doctrine palingénésique.

Avançons encore un peu dans l'étude des dogmes enseignés par les mystères antiques. En quoi consistaient-ils fondamentalement ? D'après les mythologistes anciens et modernes, on peut conclure que l'enseignement ésotérique de cette Théosophie dont Bacchus est le type synthétique le plus analogue au type chrétien, consistait, après tout, dans la connaissance d'un Dieu suprême, de l'éternité de l'âme, dans la croyance à la chute originelle, dans la foi à la promesse d'un Rédempteur, enfin d'une réhabilitation personnelle au moyen de l'Initiation. Ainsi, les points

---

13. *Ant. expl.*, t. I, 2ᵉ partie, p. 229, éd. 1722.
14. *In Georg.*, liv. 1ᵉʳ, *Eneid.*, liv. VI.

importants, objets de la Révélation, étaient enseignés à Éleusis, à Memphis comme à Rome.

La signification intime et réelle de la religion hellénique — raison suprême de toutes les religions — se trouve, on le voit, dans la croyance à la venue d'un médiateur manifesté sous une forme humaine. Bacchus, je le répète, est à ce point le dieu se rapprochant le plus du Dieu que nous, chrétiens, nous adorons, qu'il serait facile de tracer un parallèle des deux théologies, chrétienne et dyonisiaque. En effet, n'oublions pas saint Paul (I, Cor. X, 11) : « Toutes choses arrivaient aux Anciens en figures. »

Aussi présentait-on aux Initiables les dogmes sacrés sous des emblèmes naturels, sous des figures agraires ou bien encore sous des fables astronomiques. Les Initiateurs ethniques fondent tous l'institution du mariage, enseignent l'agriculture, parabolisent en langage solaire le thème des doctrines traditionnelles ; l'Initiation fait écho à la Cosmogonie. Tous les Initiateurs, dis-je ; Moïse lui-même développe une cosmogonie qui est une formule d'initiation.

Le savant Fourmont (Acad. Inscript., t. III, p. 7) présente justement Bacchus et Cérès comme les auteurs du dogme de la métempsycose ; or, la métempsycose est en langage vulgaire ce que la palingénésie est en langage ésotérique : Ballanche l'a remarqué.

« La doctrine de la métempsycose et de la palingénésie tendait à représenter, nous dit Louis Ménard d'après Platon au Phédon, le corps comme une prison de l'âme et la vie terrestre comme l'expiation de quelque crime antérieur. Pour éviter un sort pareil ou pire encore dans une autre vie, il fallait se purifier de toutes les souillures. Le Dieu des mystères était le Libérateur, $\lambda\upsilon\alpha\iota o\varsigma$, le Rédempteur des âmes, le chœur des astres conduit par Dyonisos, représentant dans son évolution circulaire la descente et l'ascension des âmes, tour à tour entraînées vers la terre par l'ivresse de la vie et ramenées vers le ciel par l'ivresse de l'extase. Le soleil de nuit, le chorège des étoiles était le dieu de la mort et de la résurrection [15]. »

Après avoir mis à nu le caractère de Législateur, de Rédempteur des âmes, nous allons voir que Bacchus qui donna, d'après la tradition, la loi sur deux tables, possède également celui de Victime. Le dieu hellénique, Initiateur, dut subir le sort de tous les Initiateurs, il fut déchiré, mis à mort ; dans les cérémonies orgiastiques les fidèles mettaient en pièces un faon tacheté, attribut de Bacchus, en souvenir de la douloureuse Passion du Dieu qui avait versé son sang pour la rédemption des âmes et le sang du faon était versé, suivant le rite dyonisiaque, pour la purification des péchés.

Incarné dans la chair le dieu souffre et meurt, la loi de l'homme est de passer de la vie à la mort et de la mort à la vie intégrale ; cette opération palingénésique s'accomplit par les mérites du divin sacrifié.

« Mourir, dit Plutarque, dans un passage conservé par Stobée, c'est être initié aux grands mystères et le rapport existe entre les mots comme entre les choses ($\tau\epsilon\lambda\epsilon\upsilon\tau\eta$), l'accomplissement de la vie, la mort, $\tau\epsilon\lambda\epsilon\tau\acute{\eta}$, le perfectionnement de la vie, l'initiation [16]. »

Le lecteur le conçoit, il y aurait beaucoup à dire sur Bacchus et sur son culte ; malgré l'intérêt, je m'arrête, ce serait déborder le cadre prescrit ; il n'est pas en effet question d'étudier la théologie du dieu hellénique, mais d'en révéler suffisamment pour caractériser ce que le symbole de Léonard représente. Du reste, j'y reviendrai quand le moment sera venu de placer l'Artiste dans l'ambiance intellectuelle de la Renaissance.

---

15. L. MÉNARD, *Du polythéisme*, p. 313.
16. MÉNARD, *Du polythéisme*.

CHAPITRE III

Il me faut démontrer que Léonard de Vinci a formellement eu la pensée que je lui prête de représenter le Bacchus mystique, c'est-à-dire la figure messianique de la Grèce, en parallèle avec l'annonciateur du Messie chrétien.

A cet effet, il dessine dans le fond du tableau deux cerfs, un ours ; et rappelons-nous que la Renaissance se plaisait à l'expression symbolique. Ainsi Titien avait pris le symbole de l'ours parce qu'il voulait indiquer qu'en certaines choses l'art valait mieux que la Nature[1].

De quelles idées le cerf et l'ours sont-ils les emblèmes ?

Le cerf en symbolique religieuse est le symbole de la régénération spirituelle, les baptistères sur lesquels cet animal est sculpté en font foi ; à Saint-Jean-de-Latran il y a sept cerfs — nombre mystérieux — placés à distances égales. D'après le Physiologue de Théobald, cet animal est l'emblème des âmes qui soupirent

---

1. *Usurpavit hoc symbolum celebris iste pictor venetus Titianus, quo indicare voluit, in certis quibusdam rebus Artem plus valere quam Naturam ipsam.* CAMERARIUS.

aux fontaines du Seigneur. Aug. Demmin dans son *Encyclopédie des arts plastiques* donne un sens qui revient à celui que je viens de relater, le Bestiaire de Guillaume de Normandie également. Le cerf, ennemi du serpent, est le symbole de l'aspiration à la vie éternelle, celui de la Vie qui se renouvelle ; il est en un mot le symbole de Jésus-Christ. Et l'ours ? L'ours est un symbole cosmogonique et conséquemment de régénération[2]. Mais lisons encore plus attentivement le tableau de Léonard ; au bord inférieur, à gauche, l'Artiste a peint une branche d'ancolie. A-t-on remarqué avec quelle prédilection, avec quelle sorte d'obsession, dirais-je, Léonard et son école ont orné leurs œuvres de touffes d'ancolie. Or, cette fleur de sexe androgyne — androgyne comme le dieu représenté — est, d'après l'enseignement du Moyen Âge, le symbole de l'union ; qu'on l'entende, du reste, dans le plan humain comme dans le plan divin, selon les principes de la Science symbolique. Elle est théosophiquement le symbole de l'union de la nature divine et de la nature humaine, de l'actif et du passif ; elle est mystiquement le symbole de l'union de l'âme humaine purifiée remontant à son principe, l'unité divine.

Le symbolisme est la langue de toutes les mystagogies ; il est une langue universelle. Léonard, mystagogue de l'Idéal, célèbre le divin Office de la Religion de la Beauté au moyen des Rites initiatiques. Rythmes, Fleurs et Lumière, Oiseaux et Fleurs, tels sont les organes de sa Pensée. Les Chinois construisent leurs alphabets sur des modèles floraux, une fleur leur suffit à l'expression d'une idée, d'un sentiment ; le Vinci, également, recèle surtout dans une plante son affirmation. Le symbole de l'ancolie connu, l'énigme de *Bacchus* est devinée. La fleur androgyne est le symbole de l'union, de l'hymen : on peut le comprendre sur tous les plans : union cosmogonique, l'esprit de dieu (mâle)

---

2. Cf PORTAL, *Symb. égypt. comp. à ceux des Héb.*, p. 78.

épousant la matière chaotique (femelle) ; union physique, le monde possède une double nature, le chaud et l'humide ; union naturelle, l'homme féconde la femme ; union mystique, l'âme humaine s'unit à la Divinité.

Par surabondance, le peintre sublime nous fait pénétrer dans son sanctuaire intellectuel ; toujours hanté par le même ordre de conceptions — les conceptions cosmogoniques et initiatiques — il dessine la Léda ; Léda aimée par Jupiter, le cygne de l'Eurotas, enfantant Castor et Pollux, le Soleil et la Lune. Tout le monde connaît les rapports de ce thème physique avec le mythe bachique.

Je ne sais si je fais erreur, néanmoins, je crois pouvoir, surtout que d'autres preuves vont suivre, insinuer qu'il serait difficile de ne pas être convaincu que tous les détails idéographiques du tableau étudié : fleurs, animaux, gestes concordent absolument pour former un ensemble parfait. Léonard, à n'en plus douter, et il fallait le prévoir, déterminait le sens d'un mouvement selon un vouloir, l'emploi d'un symbole d'après une raison. Ceci est à retenir pour se persuader que si le peintre admettait judicieusement l'analogie des conceptions religieuses de l'Humanité, il ne croyait pas à l'identité essentielle de la foi chrétienne et de la doxologie ethnique[3]. En outre, pourquoi cette obsédante ancolie, s'il n'y avait pas eu dans son usage répété une cause déterminante, d'autant que, parmi les fleurs, il s'en trouve de plus séduisantes pour un peintre, convenons-en. Dans le nombre des Artistes qui ont approché Léonard, deux ou trois à peine ont employé cette fleurette mystérieuse, d'un symbolisme si profond, si ésotérique. Le Maître, lui même, bien loin de s'en servir hors de propos, ne l'a fait qu'avec une juste réserve dans ses œuvres énigmatiques. L'ancolie croît dans les tableaux d'un peintre de

---

3. Il devient heureux, dit Léonard, celui qui suit le Christ.

l'école française, et ce peintre est un grand symboliste : Perréal.

Le choix très particulier de cette plante comme emblème doit retenir fortement l'attention, car la Renaissance, cette époque si mal connue, n'avait pas attendu Linnée pour connaître le sexe des plantes comme on peut s'en rendre compte en lisant Marsile Ficin : « *Sexum habent utrumque non nullæ arbores, masculum et fœminum, unde propre sitæ uberius pullulant*[4]. »

Si les tableaux avaient été étudiés à l'aide du langage emblématique, leur attribution eût été beaucoup plus facile à établir et beaucoup plus sûre, par surcroît.

Est-il nécessaire de prévenir qu'il faut remonter aux âges où l'Emblématique ne s'était pas encore pervertie ? J'insiste sur cette fleur mystique, étant donnée sa valeur démonstrative. Les vieux fabliaux nous content son emploi dans les coutumes médiévales ; et Littré qui fréquenta avec assiduité ces époques en fixe le symbolisme. C'est celui de l'amour parfait[5]. L'ancolie est donc la fleur de l'Initié. De ce fait, voici Léonard filié aux doctrines dantesques.

Observée dans le *Bacchus,* l'ancolie se reconnaît dans le *Saint Sébastien* du musée de l'Ermitage, cette œuvre si éminemment platonicienne.

Dans la page que Charles Blanc a consacrée à ce curieux tableau, cet esthéticien révèle une grande sûreté d'impression en l'attribuant au Vinci. Deux critiques, F. Bruni et Waagen, se sont ensuite prononcés pour l'attribuer à Luini. Il a été classé à l'*Ermitage*

---

4. *De immortalit. anim,* 1. X cap. II.
5. Un poète de second ordre, Millevoye, suffit au *Dictionnaire Larousse* pour déterminer le sens de l'ancolie : la tristesse. Erreur ! Parmi les innombrables « langages des fleurs » ou parmi les volumes qui traitent du symbolisme, cette plante est généralement passée sous silence. Un « langage des fleurs » attribue à l'ancolie le sens de jalousie. Erreur ! Littré est, au contraire, d'accord avec les auteurs du moyen âge en rappelant son nom de *fleur du parfait amour*.

comme « copie ancienne de Luini ». Il suffit pourtant de regarder l'image pour être certain que Ch. Blanc avait été plus judicieux.

Assurément, ce *Saint Sébastien* n'est pas un tableau d'église. Il est très caractéristique comme ouvrage symbolique ; et c'est la raison pour laquelle j'insiste à son propos. Le peintre fait parler au saint patron de la ville de Milan le langage des *Fidèles d'Amour.* Un cartouche est suspendu à la branche d'un arbre (citronnier ?) ; on y lit les mots suivants : *Quam libens ob tui amorem dulces jaculos patiar memento.* (Bien volontiers par amour pour vous je souffre de douces flèches. Souvenez-vous.) Aux pieds du « gentil » et « courtois » supplicié dont les bras sont attachés aux branches de l'arbre par des rubans noir et carmin — Ch. Blanc risquait le mot plus finement exact de *faveurs* — s'élève cette fleur, symbole d'amour, qui signe le nom de l'artiste qui a peint le tableau. On ne peut se tromper sur l'intention du peintre. Ce tableau, qui représente un portrait en même temps qu'il exprime un symbole, contient, en réalité, un envoi d'amour. Il est une transposition de symboles religieux et initiatiques à une conception purement profane. Observons que ce tableau est seul de sa catégorie dans l'œuvre tout entier du Vinci. Et, de plus, le caractère masculin de la figure totale est nettement accentué ; or, les moins avertis ont eux-même remarqué que, dans la tradition des peintres, la représentation de saint Sébastien a toujours un élément de charme féminin très sensible.

Quelques détails sur la signification de l'ancolie ne sont pas inutiles.

Il faut se tenir en garde contre les « langages des fleurs », c'est certain, et de Gubernatis prévenait avec raison qu'on se défiât de pareilles fantaisies. Ainsi, quelques-uns attribuent à l'ancolie le sens de folie par suite de la ressemblance prétendue de sa forme avec celle d'un bonnet de bouffon. Déjà, Géliut, dans son

Indice armorial, 1650, lui donnait le sens d'espérance, mais on a toujours reconnu à cet auteur une imagination effrénée. Peut-être cependant avait-il déduit cette explication de ce qu'on a quelquefois vu dans cette fleurette une colombe, d'où son nom de colombine. Cette attribution est relativement récente.

Nous trouvons plus anciennement l'ancolie avec le sens d'*union* dans le *Capiel à sept flors,* fabliau du XIIIᵉ siècle où le sens nettement religieux est assusé ; nous trouvons, ce qui est encore plus affirmatif, celui de *parfait amour dans l'Hortus messianensis*[6].

L'ancolie est donc la fleur du parfait amour et ce qui est très remarquable, c'est qu'une telle acception se prend identiquement chez tous les peuples de tradition latine. Exemples : *amor perfeito* en ancien portugais est le nom de cette fleur[7] : le Catalan la nomme *amor perfecte*[8] : Targioni l'appelle *amor nascosto* (amour caché)[9]. La province du Languedoc donne à ce symbole une désignation plus ésotérique, mais en plein accord avec le système qui se dégage de l'ensemble de mon ouvrage : *mount al cel*[10].

Le folklore du nord de la France et des régions septentrionales attribuent collectivement un autre sens à l'ancolie.

Avant d'aller plus loin, je dois signaler un ivoire conservé à Aix-la-Chapelle. Cette très curieuse pièce artistique, un Bacchus, est intéressante à tous les titres. Elle prouve d'abord cette vérité esthétique, reconnue aux époques de pleine santé : la subordination de la forme à l'idée. Puis elle peut servir à prouver les intentions philosophiques de Léonard de Vinci, car on ne peut que constater une identité de pensées entre l'ivoire d'Aix-la-Chapelle et le *Bacchus* du Louvre. Les

---

6. P. CASTELLI, 1640.
7. GRISLEY, *Viridarium lusitanicum.*
8. CUNI, *Flora,* 1883.
9. *Dizion. bot.*
10. A. DUBOUT, *Las Plantas as Camp. gloss. patois.*

deux œuvres diffèrent en ce sens que le mystère bachique est plus surabondamment exprimé par les emblèmes dans l'ivoire que dans la peinture. Mais la sculpture et le tableau offrent une disposition de même ordre : l'index de la main gauche indique avec la même ostentation le sol, les formes sont pareillement androgyniques, le sourire de Vinci se retrouve sur l'ouvrage d'Aix-la-Chapelle qui rappelle immédiatement, dans son ensemble, l'œuvre léonardienne ; c'est la première idée qui vient à l'esprit.

Comme différence, l'ivoire montre un Bacchus versant l'eau de l'Initiation, entouré des animaux qui lui sont attribués : lapin, antilope, léopard, pigeons becquetant les raisins, cet oiseau étant le symbole de la mort et de la renaissance.

Dans les ressemblances, une des principales qu'il ne faudrait pas omettre de singaler, est le croisement des jambes. En symbolique, si cette position des membres a plusieurs significations, il importe de savoir que les représentations antiques comportaient un sens ésotérique dans les moindres détails. Les deux œuvres, celle du Louvre et celle d'Aix-la-Chapelle, figurent un Bacchus aux jambes croisées.

Le Maître à l'ancolie, je veux dire Léonard, semble s'être réservé l'emploi de cette plante mystique ; elle était pour lui, semble-t-il, la clé de son mystère. Luini l'a employée quelque peu. Mais ce tendre allégoriste et le sévère Beltraffio ne sont que des élèves ; le continuateur, le disciple de Léonard est l'adorable Melzi. Dans les rares tableaux connus de ce peintre on retrouve, avec une évidence frappante, la méthode de l'auteur du *Bacchus*. Les rapports intimes du Maître et de l'Élève sont connus ; on sait de quels soins attentifs il entoura son cher Melzi, son ami. Personnellement, je le regarde comme le dépositaire des ses plus secrètes conceptions. Une preuve : le tableau de Berlin catalogué sous le nom de *Vertumne et Pomone.* Quel ravissant ouvrage que celui du seigneur Francesco ! Ah !

Léonard s'est forcément penché sur cette peinture délicieuse.

Le sujet représente une jeune femme, souriante comme une reine nouvellement couronnée ; elle entoure de ses bras une corbeille de fleurs et de fruits. Une femme vieille, ridée, un bâton à la main, lui touche légèrement l'épaule ; *passante,* elle semble lui céder la place qu'elle occupa. Au bord inférieur du tableau, au milieu, une touffe d'ancolie.

Quels sont les fleurs et les fruits qui se trouvent dans la corbeille : le jasmin qui se détache très visiblement au milieu des amandes et des pêches[11]. La jeune femme se profile sur un fond d'iris, elle est pides nus tandis que la vieille femme est chaussée. Le tableau est partagé en deux parties par un arbre dont les feuilles s'épanouissent pour le couronner ; autour de cet arbre — un olivier — s'enroule un cep de vigne.

Il est évident que si Melzi avait voulu simplement charmer les yeux en dessinant une Pomone, il aurait au moins chargé son ouvrage de l'attribut principal, indispensable, classique, attribué à cette déesse : le Pommier. Sa pensée, à mon avis, était plus haute que de peindre un sujet mythologique, l'olivier entouré de la vigne nous en paraît une garantie.

Rio convenait que Léonard « savait donner une signification aux moindres accessoires », et, à propos d'une figure couronnée de jasmin et tenant un livre, il dit que dans les compositions du peintre on ne trouve jamais de remplissage ; il ajoute qu'il est « difficile d'admettre que ce livre et cette couronne, introduits comme allusion ou comme emblème, n'aient pas eu un sens symbolique aujourd'hui perdu pour nous ».

Sans doute, le jasmin n'était pas la fleur préférée de Léonard comme cet écrivain le pense, toutefois sa remarque est à retenir, car si l'Artiste employait avec cette fréquence décidée les mêmes fleurs : jasmin, anco-

---

11. Je n'ai pas pu exactement identifier ce fruit.

lie, c'est qu'il y avait un motif, d'autant plus qu'on peut faire les mêmes observations si les œuvres sont dues au pinceau de Léonard lui-même ou à celui de quelques-uns de ses imitateurs.

Le jasmin est le symbole de la chasteté virginale ; l'ancolie garde sa signification d'union ; l'amande est le symbole de la virginité et de la maternité, la pêche celui de l'apostolat, l'iris celui de l'alliance.

Tous ces emblèmes ont un sens approprié aux mystères du Christianisme et je vois dans ce tableau l'allégorie de l'Église succédant à l'ancienne Synagogue, qui ne devait que passer. C'est pourquoi autour de l'olivier, symbole de la paix apportée au monde par le Rédempteur, s'enroule un cep de vigne, symbole de Jésus-Christ souffrant : *Ego sum vitis,* disait-il. Dans un bas-relief du XIIe siècle publié par Zardetti de Milan figurent la Synagogue et l'Église. La nouvelle loi est représentée par une jeune femme les *pieds nus* et la Synagogue par une vieille femme *chaussée*[12].

L'Ermitage possède un second tableau du suave Melzi : une jeune femme. Son visage est évidemment le même que celui de Pomone, le principe de composition est identique dans les deux figures. La vierge tient dans sa main gauche une branche d'ancolie, dans la main droite un jasmin. Le sens nous en est connu. Cette œuvre se catalogue *Colombine,* ce nom est en botanique synonyme d'ancolie[13]. Ne quittons pas encore l'Ermitage, ce musée est encore riche d'un Léonard, la *Madone Litta.* Dans ce cadre, l'enfant Jésus tient un chardonneret, symbole familier à mes lecteurs. Le chardonneret se remarque aussi sur d'autres œuvres de Léonard. Parmi celles-ci, une surtout s'imposerait comme argument en notre discours : l'enfant Jésus et saint Jean-Baptiste s'embrassant sur

---

12. *Monumenti cristiani nuovamente illustrati.*
13. Il existe une réplique de ce tableau au musée de Blois. Elle est intitulée *Colombine,* et attribuée à Léonard de Vinci.

les lèvres. Malheureusement, j'ignore quelle galerie a le bonheur de s'enorgueillir de cette peinture qui fut répétée avec préférence par Luini mais avec moins de richesse symbolique [14].

Soyons attentifs à la prédilection de ce sujet : Jésus et le Précurseur s'embrassant sur la bouche. Elle est à ce point singulière, que nous ne retrouvons plus, dans la suite de l'histoire artistique, pareilles représentations ; tout au moins, la scène devient-elle plus rare sous le pinceau des Artistes.

Edelestand de Méril, archéologue dont la renommée n'égale pas le mérite, s'appuyant sur un texte de saint Ambroise, dévoile l'ésotérisme de ces charmants tableaux : « *Osculum mutui amoris singum est.* » L'amour mutuel a pour symbole le baiser. Qu'on veuille bien le remarquer, le sens des symboles employés par les Artistes, jusqu'à l'époque de Michel-Ange où la tradition commença à s'éteindre ou toutefois à se dénaturer, fut toujours en harmonie avec le sens dans lequel ils furent employés au Moyen Age. Si l'on retrouve le sens de l'ancolie dans les fabliaux, le roman de saint Grâl découvre celui du baiser sur la bouche, témoin ce texte : « Le roi lui tendit les bras, ils se baisèrent sur la bouche en signe de foi mutuelle. » Et le baiser sur la bouche est « le baiser le plus élevé de tous », dit saint Bernard.

Du reste, à mes yeux, l'enfant Jésus figurant la Divinité et saint Jean l'Humanité, je regarde ces œuvres où les deux enfants s'embrassent comme le frontispice du *Cantique des Cantiques* et je les prends comme le plus exact commentaire de ce livre ésotérique.

Le baiser sur la bouche, symbole de l'égalité dans l'amour, signifie l'union du principe actif et du principe passif. Dieu se penche sur l'Humanité, il la bénit

---

14. Il y a un tableau de ce motif, attribué à Marco d'Oggione, à la Gallery de Hampton Court.

et la féconde, c'est le Bien-Aimé du Cantique de Salomon ; la Bien-Aimée où l'Humanité s'éveille à la voix de l'Amour et chante le poème des poèmes, celui de la Délivrance.

Si quelque lecteur avait encore des doutes sur la possibilité d'une telle intention chez le peintre, elle s'affirmerait en rappelant que certains disciples de Léonard ont placé, pour figurer le mariage mystique célébré dans le *Cantique des Cantiques,* le Verbe enfant et son Précurseur sur un lit. Aucun doute n'est donc permis, et, circonstance d'autant plus curieuse, c'est qu'une interprétation cabalistique du livre de Salomon donne au mot litière le sens de « rédemption du monde d'en bas par le monde d'en haut ».

Si toutes ces harmonies sont dues au hasard, on reste déconcerté.

Toujours l'ancolie, le jasmin, le chardonneret !... Tels sont les éléments généraux de la Flore et de la Faune de Léonard, et ces fleurs, ces fruits, ces oiseaux se répondent en accord parfait, dans une signification légitime des ouvrages où ils sont représentés ! L'Ecole milanaise reste fidèle à ses principes. Ainsi, regardons la *Saint Agathe* de Luini ; une copie existe à Rome, à la villa Borghèse. La Vierge martyre offre à l'édification, dans une coupe, ses seins arrachés par les bourreaux, sa tête est couronnée de jasmin, symbole de sa chasteté et de sa virginité. Le peintre préféré de Frédéric Borromée, en des tableaux exécutés avec tendresse, confie sa pensée et ses sentiments par un monde de fleurs-symboles : le lis, l'iris, l'ancolie. Ces fleurs ornent toutes ses œuvres pour la joie du regard et l'élévation de l'esprit.

Si à Saint-Pétersbourg, Luini montre une magnifique Vierge, auréolée de jasmin ; à Londres, ce même peintre nous parle avec un Jésus au milieu des docteurs, tableau d'une note assez spéciale dans son œuvre complet. Je ne serais même pas éloigné de supposer que l'ancienne attribution à Léonard était celle qu'il fallait maintenir. Tout au moins, Léonard y a collaboré pour l'inspiration. L'idée achroamatique de ce tableau vient naturellement à l'esprit. De l'index de sa main gauche le Christ montre aux Docteurs trois doigts de sa main droite. A tout bien considérer avec le *Sauveur du monde* du même Luini, à Chantilly, ce serait même le tableau qui réunirait toutes les opinions au système que je préconise, tellement la conception se révèle, aveuglante.

Cet trois doigts en éventail ne suggèrent-ils pas immédiatement le verset 7 du chapitre V de la première épître de saint Jean : « Car il y en a trois qui rendent témoignage dans le ciel : le Père, le Verbe et le Saint-Esprit ; et ces trois sont une même chose [15]. » Les « Ignoramus », plusieurs fois docteurs, assis confortablement dans leurs chaires professorales, ont décidé que Luini avait eu tort de représenter le Christ en robe richement ornée, la poitrine bridée par deux bandes d'étoffe en croix. Quelles sont donc ces ornements bizarres, pensent-ils ? Luini aurait simplement répondu

---

15. Relativement à la *Dactylologie,* ou langage par les doigts ou les gestes, citons une réflexion importante de J. Barrois, l'archéologue qui, au XIXe siècle, a retrouvé cette science. « Les illustres peintres de l'ancienne école italienne se complaisaient dans ces mouvements de mains, qui paraissent aux modernes une vaine afféterie. Les œuvres de ces grands artistes reproduisent exactement les sèmes des antiques sculptures, des vieilles fresques, des vitraux des premiers chrétiens, et surtout la pantomime additionnelle du sacerdose et du peuple. » (J. BARROIS, *Dactylologie et Langage primitif restitués d'après les monuments,* Paris, 1850, p. 282.) Cet auteur a reproduit une *Cène* peinte au XVIe siècle, sous ce titre : Peinture traditionnelle et dactylologique du Cénacle. Église de Livry. En comparant les gestes des mains des personnages de cette peinture avec ceux des personnages de la fresque de Léonard, on conclut que la découverte de J. Barrois mérite plus d'attention qu'on ne lui en a accordée. Ce n'est, d'ailleurs, qu'un exemple de sa méthode. — Il est évident, d'après notre interprétation, que dans le tableau de Luini, les trois doigts en éventail peuvent suggérer toutes les significations de nombre ternaire : exemple : trois fonctions ont été dévolues à Jésus-Christ, celle de Rédempteur, celle de Révélateur des mystères, celle de Prince des Nations ; ou encore : Jésus expose en parabole que Jonas est resté enseveli trois jours et trois nuits dans le ventre du monstre marin, figure de la mort et de la sépulture du Messie.

que pour figurer, selon son désir, Jésus Docteur, Jésus Grand-Prêtre de la Loi qu'il vient accomplir, il l'avait représenté en Grand-Prêtre. En cela, au surplus, ce peintre n'a fait que suivre le haut enseignement donné par Léonard. Tous ceux qui ont étudié de près le « Cenacolo », savent à quel point ce Maître prouva son érudition dans l'ordre de la symbologie archéologique[16]. En effet, je signale aux érudits la science possédée par les hommes de Renaissance ; Luini savait que les Juifs portaient liturgiquement sous le *Chatonet* (la tunique) une chemise de lin et que le Grand-Prêtre ajoutait sur ces vêtements qui devaient être *magnifiques, l'éphod.* L'*éphod* consistait en deux rubans de matière précieuse se croisant sur l'estomac. Le peintre, on le voit, nous a rappelé tous ces détails.

Néanmoins, je ne veux pas trop m'appesantir sur mon argumentation, ce serait douter de mes lecteurs, aussi n'interpréterai-je pas l'*Enfant Jésus* du musée Condé, à Chantilly, la lecture en est réellement trop facile. Armé de cette méthode, chacun peut maintenant comprendre toutes les subtilités emblématiquement exprimées par Léonard et ses élèves. Les musées du Brera, de Poldi-Pozzoli... pourraient être encore d'une ressource inépuisable d'exemples en faveur de mes propositions.

Toutefois, il n'est pas permis de laisser l'examen des œuvres du divin Léonard ainsi que celui des œuvres de ses disciples sans attirer la curiosité sur un ouvrage une fois de plus symbolique qui, s'il n'est pas de la main même du Maître, a été inspiré par un esprit qui ne lui est pas complètement étranger. Notre dissertation se fortifiera d'autant.

Mon allusion porte sur le *Cenacolo* inconnu qui se

---

16. On peut à se sujet lire A. GUILLON, *Le Cénacle de Léonard de Vinci,* Milan, 1811.

trouve à Ponte-Capriasca. Cette peinture que M. Montgomery-Campbell appelle : *A mysterious Cenacolo,* a été, dit-il, retouchée et mal. Elle offre les mêmes dispositions que la *Cène* de Milan, sauf pour les fonds et pour l'arrangement architectural. L'embrasure des deux fenêtres, du second plan, laisse apercevoir deux motifs symboliques : le sacrifice d'Isaac et le Christ aux Oliviers. M. Campbell énumère les suppositions faites au sujet de ce remarquable ouvrage. Celui-ci aurait été la première conception du grand sujet peint par Léonard lui-même ; peut-être est-ce une réplique ; Luini en serait l'auteur ; enfin, suivant la légende, un artiste pauvre, connaissant l'œuvre de Léonard, en aurait fait une esquisse et chassé par l'état troublé de la Lombardie, se serait livré à l'exécution de ce tableau pour le seigneur de Ponte-Capriasca, qui l'aurait payé du pain de chaque jour. Ce qui est certain c'est que cette fresque publiquement ignorée, ne l'est pas des restaurateurs de peintures, car tous ceux qui firent des retouches à Sainte-Marie-des-Grâces ont toujours eu recours à l'œuvre de Ponte-Capriasca à titre de modèle.

Jusqu'à cette ligne, en conclusion, la méthode ésotérique reste suffisamment décelée tant pour Léonard que pour ses continuateurs et le bouc de l'Hérésie n'a pas encore montré sa corne hideuse. Musons toujours un peu dans les champs de l'Art ; Perréal — Jehan de Paris — ne nous éloignera pas de Vinci, comme le lecteur pourrait tout d'abord se le figurer. Maître Perréal usa du même procédé symbolique, dans un domaine plus restreint toutefois. Ne nous en étonnons pas. A cette époque, les rapports entre les grands esprits étaient plus fréquents qu'on ne se le figure. C'est au peintre de l'ancienne École française que le peintre de Milan devait emprunter pour l'ordonnance de la Fête offerte en l'honneur de François Ier à son entrée à Milan. Entre autres : l'idée de machiner ce fameux lion qui s'avançait jusque devant le fauteuil du roi, après quoi il ouvrait son sein qui se trouvait plein de bouquets de lys [17]. M. Bancel, naguère, fit don au Musée du Louvre d'un précieux tableau de Jehan de Paris relevant de l'art symbolique : *Une Vierge avec l'enfant Jésus.* (Il est classé sous ce titre : *Les fiançailles de Charles VIII et d'Anne de Bretagne.*) La particularité de cet ouvrage se manifeste dans les quelques lettres hébraïques et les quelques signes hiéroglyphiques qui courent au bord inférieur du tableau. M. Bancel déclare n'avoir pas pu les traduire ; après avoir consulté quelques amateurs le mystère est resté clos. Cependant « ils nous paraissent, ajoute-t-il, avoir une signification ». Sans doute.

Perréal connut Cornelius Agrippa. Le Kabbaliste cite le peintre avec révérence. En 1507 — année où Léonard exécutait son *Bacchus* — l'artiste français accompagne Louis XII en Italie, il s'y trouve encore en 1512 ; en ce même temps Cornelius Agrippa fait en Italie une conférence sur le *Banquet* de Platon ; son commentaire, issu des conférences de Ficin auxquelles il assista avec Reuchlin, s'illustra de cette vérité : les beautés visibles ne sont que le symbole de cette beauté cachée qui s'accomplit dans l'amour. Marsile Ficin avait dit à propos du même *Banquet :* la beauté est un certain éclat ravissant l'âme. Peut-être Cornelius Agrippa influença-t-il Jehan Perréal pour donner une tournure énigmatique à plusieurs détails de ce tableau.

Il est évident que, si l'on respecte la disposition des lettres, cette inscription ne forme pas un mot. Prenons alors les lettres et les signes un à un et voici l'explication que je propose :

---

17. Cf. E. BANCEL, *J. Perréal,* Paris, 1889. Une ligne de Léonard suscite une importante réflexion. « Fais-toi donner par Jehan de Paris la méthode pour peindre à sec. » — Jehan de Paris ? A mon avis, il s'agit de Jehan Perréal. On s'est demandé si ce peintre, lors d'un séjour en Italie, qui visita plusieurs ateliers célèbres, celui du Pérugin, de Mantegna, n'aurait pas eu des relations avec le Vinci. La note précitée répondrait à l'hypothèse par l'affirmative. Je crois bien que J. Perréal est le seul peintre à avoir peint l'ancolie dans l'un de ses tableaux.

Les lettres sont les suivantes : צ (tsadé), ת (thau), א (aleph), מ (mem) ; les signes : le pantacle de Salomon formé par des branches épineuses, le soleil et la lune.

Je traduis : La Femme (Vierge-Mère), vêtue du Soleil, la Lune sous les pieds, par sa conception immaculée donnera naissance au Dieu-Homme qui, par sa passion volontaire, réhabilitera l'homme pécheur dont la loi d'accomplissement est l'Initiation, le règne de la Justice.

Et voici les preuves de cette traduction : le מ (mem) est la lettre, en cabale symbolique, de la Femme et de la Maternité, il est en même temps celui de la naissance à la vie par la mort ; *c'est tout particulièrement le signe de la mère.*

L ת (thau) est le symbole du microcosme, c'est-à-dire de l'homme ; l'aleph (א) l'hiéroglyphe de la lumière inaccessible de la divine essence, de l'Infini. En un mot Jésus-Christ, Dieu-Homme, est l'A et l'Ω, le principe et la fin. Le צ (tsadé) est la lettre de la justice, de l'Initiation.

Voilà pourquoi la Vierge dans le tableau de Perréal montre à l'enfant Jésus une pomme, symbole du péché d'Éden.

De plus, détail surprenant et unique, le peintre insiste pour faire comprendre son idée. Il dessine à gauche du panneau un vase où baignent l'ancolie blanche et bleue, le lys rouge, le muguet et l'iris[18]. Le symbolisme nous est connu. Le muguet est celui du retour au bonheur donné à l'Univers par la venue du Christ, incarné dans le sein de la Vierge des Vierges dont l'emblème est le lys ; l'iris est toujours le symbole du thème exprimé par Melzi, l'alliance faite par Dieu avec l'homme, enfin l'ancolie celui de l'union des deux natures dans la personne du Messie.

---

18. Léonard n'a jamais employé que l'ancolie bleue, l'ancolie des Alpes.

Cependant, après un plus mûr examen, j'avouerai qu'on peut donner une nouvelle interprétation des lettres hébraïques, qui serait peut-être plus exacte. Il suffit de remarquer que la lettre tsadé exceptée, celles qui restent forment le mot AMET (prononcez *Emet*) qui signifie *sceau de Dieu* pour les Cabalistes et qui se traduit par Vérité.

Il se pourrait que l'Artiste ait combiné les deux significations.

CHAPITRE IV

La légitimité de l'exégèse symbolique dont j'ai établi quelques exemples ressort théoriquement du point de vue où je me suis placé, et vraiment en toute sûreté ; en effet, l'Art, considéré de cette hauteur, est un *Livre,* une Bible. Les procédés d'investigation doivent être analogues à ceux employés pour expliquer les textes inspirés. Sous la forme plastique, se cache le sens mystique, transcendant, au même titre inspiré ; l'analyse des emblèmes nous l'a découvert.

Ainsi, la conclusion imposée affirmit inébranlablement notre intuition : Léonard de Vinci a voulu synthétiser dans le *Bacchus* et dans le *Baptiste* la prophétie de l'antique Promesse envisagée à la fois chez les détenteurs élus de la Tradition et chez les Gentils nommés par inconsidération sous le terme générique de Païens. Léonard l'a *vu ;* il n'y a qu'une seule religion, la Religion catholique, c'est-à-dire la croyance aux dogmes perpétuels et unanimes.

Il reste à signaler que, par ce fait, Léonard est le type le plus parfait de la Renaissance, qu'il en est l'esprit le plus culminant, qu'il en est la Conscience.

Les Savants s'ingénient à trouver, en lisant les Manuscrits du grand Homme, les germes de toutes les inventions modernes. Il est, paraît-il, avant la lettre, un Galilée, un Laplace, un Cuvier. Villalpand n'aurait fait que de le copier. Je ne contredirai pas les hommes de science par plus que je n'inquiéterai ceux qui voient en lui le précurseur d'Auguste Comte ; est-il possible ! Peut-être aurait-il, en lisant les œuvres de Sénèque, découvert l'Amérique si Colomb lui en eût laissé le temps. S'il a prédit la Révolution française, comme Rabelais, paraît-il, un érudit nous fixera bientôt sur ce point. La seule réflexion que j'exprimerai au sujet des critiques faites sur Léonard, c'est que le côté scientifique de ce grand homme est apprécié avec exagération, je veux dire au détriment de sa pensée philosophique, religieuse et esthétique.

On s'est plu à composer la liste de découvertes dont le génial Artiste aurait été le précurseur. Observons que cette primauté ne lui appartient qu'en fonction plus ou moins complète du critique, ne sachant pas que telle ou telle découverte a été faite par un prédécesseur. Relativement à la géologie et au Déluge, Xanthe de Lydie, qui vivait au IIe siècle avant l'ère chrétienne, signale qu'il a vu en beaucoup de lieux très éloignés de la mer certaines espèces de coquillages pétrifiés ; il en concluait que la mer avait été là où aujourd'hui se trouve le continent. Les studieux rencontrent des remarques pareilles chez Straton et Ératosthène. Il ne faudrait pas de longues perquisitions pour s'apercevoir que des auteurs de ce Moyen Age si mal famé firent les mêmes recherches pour de semblables résultats. Rappelons Fra Ristoro d'Arezzo qui écrivit, en 1282, un ouvrage sur la *Composition du Monde,* où il traite des astres, de leur nature et de leurs effets, des sphères, des distances et des révolutions des planètes, des causes, des principes et de la nature des êtres, des mers, des fleuves, des animaux, des plantes, des fossiles, des minéraux, de l'air, des vents, des pluies, des météores.

A la page 86 de l'édition Narducci (1859), remarquable par l'érudition, Fra Ristoro dit, à propos de gisements qui prouvent le séjour de la mer sur le haut des montagnes : « J'ai découvert et déterré, presque au sommet d'une très haute montagne, plusieurs espèces d'ossements de poissons, que nous appelons des ammonites[1] et des coquillages, pareils à ceux dont se servent les peintres pour mettre leurs couleurs. Et dans ce même lieu, je trouvai plusieurs sortes de sable et de cailloux gros et petits, et ronds et de place en place, comme au bord des fleuves. C'est la preuve que cette montagne fut faite par le Déluge. Et déjà j'ai rencontré plusieurs de ces montagnes, etc.[2] » Un auteur, qui vivait en un temps plus rapproché de celui de Léonard, a étudié la question des pétrifications en des contrées très éloignées de la mer, du retrait des eaux, des vestiges d'animaux et de végétaux extraordinaires antérieurs à la race humaine : c'est Jean Boccace, dans son ouvrage, *De montibus, sylvis, fontibus, lacubus, fluminibus,* etc., Venise, 1473.

Et encore : on s'émerveille d'entendre Léonard lorsqu'il dit que le scintillement des étoiles est dans notre œil ; on nous informe ingénument qu'il a devancé Képler dans cette « découverte ». Mais tout le monde le savait au Moyen Age. Consultons le même F. Ristoro (p. 148 de l'édition précitée). Il écrit au chapitre XIV de la 8ᵉ partie du livre II de son ouvrage, intitulé : *De la raison pour laquelle les étoiles fixes scintillent et les planètes ne scintillent pas.* Cet auteur aurait dû intituler son chapitre : pourquoi les

---

1. *Occiole,* genre de coquilles fossiles, ressemblant à des cornes de bélier. On les nomme aussi *cornes d'Ammon.*
2. « E già avemo trovato e cavato, quasi a somma a mia grandissima montagna, di molte baliè ossa di pesce, le quali noi chiamiamo chi occiole, e tale le chiamamo nicchi : li qual erano simili a quelli delli depintori, nelli quali elli tangono i lor colori. Ed in tale luogo si troviamo di color di molte balià rena, e pietre grosse, e minute, e ritonde, a luogo a luogo entro per esso, come fossero di fiume : e questo è segno che quello monte fosse fatto del diluvio. E già avemo trovato molti di questi monti, etc. »

étoiles semblent scintiller, car il parle comme Léonard :
« C'est en raison de la faiblesse de la vue que l'étoile
paraît scintiller ; et l'on doit croire que ce défaut est
dans l'œil et non dans l'étoile [3]. »

Il était fatal que le Vinci devînt le précurseur de
l'aviation. Ne nous arrêtons pas à ces enfantillages.
Rappelons que Roger Bacon l'aurait devancé, comme il
l'a fait pour d'autres inventions, et notons qu'un contemporain de ce fameux franciscain, un alchimiste italien, Griffolino d'Arezzo, se vanta de pouvoir voler
dans les airs. De cette circonstance, déclaré magicien,
il expia selon la coutume du temps le malheur d'être
en avance sur les savants de son siècle, surtout
lorsqu'ils détiennent quelque pouvoir. Ne nous arrêtons pas davantage sur sa prétendue découverte du
sexe des plantes. Exception faite que la chose était
connue de son temps, les Juifs talmudistes et kabbalistes n'ignoraient pas la distinction du sexe des plantes.

Un admirateur du Vinci termine son énumération
de ses découvertes par ce mot d'un chirurgien anglais,
W. Hunter : « Je suis entièrement persuadé que Léonard fut le meilleur anatomiste qu'il y ait eu de son
temps, le premier il a introduit la pratique du dessin
anatomique. » Pierre Montagnana pratiquait la chirurgie vers 1440 ; il publia un traité d'anatomie avec
planches (Venise, 1497). Jacques Peiligk publia un
ouvrage d'anatomie avec planches (Leipzig, 1499), J.
Kentham et Magnus Hundt (surnommé le grand
Hundt) firent exécuter des planches anatomiques ; leurs
ouvrages sont de 1491 et de 1501...

Il serait préférable de ne pas ridiculiser les hommes
de génie par un zèle inconsidéré. On croirait parfois
qu'ils s'y complaisent. Jules Pisa célèbre en Léonard

---

3. « Lo viso, per la grande longitudine, non puo comprendere quelli raggi fermi e per questa cagione per la debilità del viso pare che la stella scintilli ; e doverno credere, che questo diffeto sia nell'ochio e non nella stella. »

un précurseur de Chevreul, lorsqu'il conseille de mettre un ton rouge à côté d'un vert pour le faire valoir ! « L. de V. previene il Chévreuil nella teoria dei *colori complementari*, quando consiglia di porre il color rosso accanto al verde per dare a questo maggior risalto. » (*Studi Letterati*, Milan, 1899.)

Plusieurs écrivains cherchent à enrôler le peintre dans la phalange du Rationalisme dont ils sont des protagonistes réputés. A quelle aberration cèdent-ils ? On tient compte de ce que Léonard préconise l'expérience, très bien ! Mais en ceci le grand homme continue la tradition du Moyen Age ; de ce qu'on ignore les habitudes intellectuelles et scientifiques de cette époque, il ne s'ensuit nullement qu'elle soit vraiment, parce qu'on le dit, un âge de ténèbres.

Mais il ne s'agit pas en ce moment de traiter sur la pensée scientifique de Léonard de Vinci. Je me contenterai de rappeler ce qu'un grand savant, M. Duhem, a pensé sur le peintre considéré sous le rapport de la science. « Au moment même où il se faisait l'initiateur de la pensée moderne, Léonard de Vinci demandait sa propre initiation aux commentaires sur Aristote qu'Albertutius avait exposé au XIVe siècle en sa chaire de la Sorbonne. »

« Peut-on souhaiter preuve plus saisisanate de la continuité selon laquelle se développe la science ? Peut-on, par argument plus convaincant, réfuter l'erreur de ceux qui pensent expliquer la genèse de nos connaissances sur le monde, alors qu'ils font abstraction de ce mouvement intellectuel, intense et prolongé que fut la scolastique ? »

Évidemment ; et je cite avec plaisir M. Duhem pour faire connaître davantage ses éminents travaux, car ce savant est le seul à avoir suivi pas à pas la pensée de Léonard en travail de réflexion scientifique. Il a su, avant tout, laisser le grand homme vivre à son époque, ce qui est plus raisonnable que de le changer en notre contemporain.

Et du reste, à mon humble avis, il est futile d'attribuer avec une emphase exagérée, la primauté d'une découverte : les érudits savent qu'une découverte a souvent plusieurs auteurs. Nous prenons des allures d'esprit positif et nous sommes envahis de préjugés. « Initiateur de la pensée moderne » est un titre qu'on accorde à quantité de cerveaux illustres ; peut-être le jour n'est-il pas éloigné où l'on comparera, sous quelques rapports, Léonard au grand Leone-Baptista Alberti.

Au domaine strictement scientifique Albert le Grand n'est-il pas, lui aussi, un puissant initiateur, et Roger Bacon ? Lorsque M. Séailles, par exemple, déclare que la scolastique n'existe pas pour Léonard, « qu'une heureuse ignorance l'affranchit sans qu'il y songe », ce critique prouve simplement l'imparfaite connaissance qu'il possède des Manuscrits de Léonard.

Léonard a pu devancer Galilée ou Castelli, et la Science s'honore quand même d'un Galilée et d'un Castelli, mais l'Art n'a jamais eu qu'un Vinci, absolument qu'un et la gloire de cet homme prodigieux est auparavant d'être l'auteur de ce tableau incomparable, le *Saint Jean,* et de ce portrait que son génie a élevé au rang du Symbole : La *Joconde.*

S'il ne faut pas se hâter de glorifier l'Artiste comme un adepte singulier de ce qu'on appelait autrefois la philosophie naturelle ; il faut lui rendre ses titres de penseur mystique qu'on cherche à éclipser.

Léonard de Vinci, nous le répétons, était de son temps avant d'être du nôtre. Après avoir tant écrit sur la Renaissance, les jours sont proches où l'on va commencer à l'étudier[4]. Mais étudions nous-mêmes cet âge de magnifiques intelligences. Nous pénétrerons plus

---

4. On évitera ainsi de placer Pic de la Mirandole au nombre de ceux qui croyaient aux horoscopes (Cf. PÉLADAN, *La Philosophie de Léonard de Vinci,* p. 97), alors que cet auteur a écrit un magistral traité contre l'Astrologie.

intimement au centre de la pensée de Léonard ; les grands Humanistes fourniront le commentaire du *Saint Jean,* en parallèle avec le *Bacchus.*

En général, qui dit Renaissance, Humanisme, incite à entendre que cette période fut une époque où les dieux du Polythéisme portaient la Tiare, adorés par une foule restreinte à celle des beaux esprits. Humaniste est aux yeux du vulgaire, — et ce vulgaire est souvent professeur, — le synonyme de païen, d'esprit diabolique, de négateur du Christ... que sais-je ! Au XIXe siècle, la querelle des classiques ethniques et des classiques chrétiens amena les différents champions à s'occuper de la Renaissance. Et, par une étrangeté particulière, les écrivains catholiques épousèrent la vieille calomnie protestante qui tenait cette époque des Humanistes pour l'origine de la dépravation morale et de la décadence des peuples, tandis que les partisans exclusifs des classiques ethniques célébraient avec enthousiasme la Renaissance à qui nous devions, ce sont eux qui le prétendent, la Révolution française. Ce qu'il y a de sûr, les Humanistes restaient mal connus par les uns et les autres.

Mais la discussion sur les auteurs ethniques et chrétiens ne date pas du XIXe siècle, la Renaissance elle-même en fut agitée. Si le Pogge reste avec évidence un païen, Jean de Domenico, Jean de Saint-Miniato frappent d'anathème les Belles-Lettres anciennes. D'intelligence plus noble et plus vraie, Æneas Sylvius, qui fut pape, Victorien de Feltre, le grand Marsile Ficin, l'étonnant Pic de la Mirandole, le savant et charmant Landino sont les plus fameux représentants de cet Humanisme tant décrié qui se révèle, au fond, un grand mouvement de synthèse conciliatrice entre le Christianisme et la Philosophie, ce qui s'entend : une explication catholique des croyances de chaque peuple. *Philosophia et religio germanœ sunt,* professe Ficin. Ce même Ficin retient en écho la grandiose pensée dantesque qui est intimement la loi de l'Initiation, la loi de perfectionnement et d'accomplissement imposée à l'homme par la Révélation chrétienne : la vie présente, dit le philosophe de Florence, est une ascension vers Dieu.

On étudie peu le Directeur de cette académie platonicienne de Florence, et quand on s'y décide, on ne l'étudie pas directement dans ses ouvrages. Fervent platonicien, sans doute Ficin s'en fait gloire ; idolâtre de Platon, non il ne l'est pas ; qu'on parcoure ses œuvres, qu'on lise sa lettre à Rondono, évêque de Rimini, et l'on saura que sa trinité n'était pas celle du plus grand philosophe des temps antémessianiques, ni celle de Plotin, mais la Trinité chrétienne. Les Humanistes, clame-t-on couramment, s'amusaient à ravir le lys des mains de la sainte Vierge pour le donner à Vénus ; les Humanistes croyaient enfin à la ruine totale du Catholicisme. Erreur ! « *Nunquam poterit religio hœc aboleri, quœ Deum vindicem habet atque custodem.* » C'est encore Ficin, qui répond aux ignorants foulant aux pieds, dit-il dans un langage d'une énergie que la traduction ne reflète pas, les vérités comme des pourceaux.

Évidemment, Marsile, comme aussi le Cardinal de Cusa [5], reconnaît dans la diversité des cultes le témoignage œcuménique d'une foi qui, pressée jusqu'à son essence, n'est que cette foi trouvant son expression intégrale dans le Christianisme. S'il admet en un mot les Poètes, les Philosophes, les Sibylles à titre d'organes de la Révélation, comme Dante, comme Ballanche, comme l'Église enfin, ce n'est pas au détriment de la Révélation chrétienne. Pour ne laisser aucun doute, voici ses propres paroles : « *Omnis religio boni habet non nihil, modo ad Deum ipsa creatorem omnia dirigatur ; christinœ sincera est.* » (*De chr. relig.*, ch. IV.) Païen, Pic de la Mirandole qui appelle saint Thomas

---

5. *De pace fidei*, ch. I.

d'Aquin *la splendeur de la théologie (Heptaples)*[6] !
Païen, Marsile Ficin qui appelle saint Thomas *notre guide en théologie ! (Les trois livres.)*

L'Humanisme, considéré dans ses plus hauts représentants, n'est rien moins que la Christianisation de ce que nous appelons le Paganisme.

Pour bien connaître la valeur de la Renaissance, il faut rejeter dans un oubli mérité cette masse d'ouvrages où traînent ces étranges accusations de paganisme, cent fois répétées, à propos des rénovateurs ou plutôt des conciliateurs platoniciens qui jetèrent tant d'éclat aux XVe et XVIe siècles ; consultons par voie directe les Pic de la Mirandole que Savonarole comparait à saint Thomas et à saint Augustin sans que l'éloge soit inconsidéré, les Marsile Ficin appelé le saint Thomas du Platonisme, les Georges de Venise, les Christophore Landino, les Ambrogio Traversari...

Au siècle passé, une science nouvelle, celle des Religions comparées, affermit sur des bases inébranlables la conception traditionnelle des dieux, honorés chez les peuples groupés sous le nom générique de Gentils, par rapport aux notions issues de la Révélation.

On doit le constater, la Renaissance avait déjà posé les fondements de cette science. L'étude des auteurs

---

6. Les historiens de la Renaissance parlent peu des poèmes religieux composés par J. Fr. Pic de la Mirandole. « ... Je chanterais en vers harmonieux la plus pure des Vierges dont le divin enfantement ôta son carquois à Diane, son église à Pallas, son sceptre à Proserpine. » L'un des plus suggestifs poèmes de cet humaniste est celui qu'il écrivit à l'occasion de la mort de sa femme. On comprendrait fort bien, au lieu de s'indigner sur commande, par préjugé, ou par hypocrisie, du Paganisme de la Renaissance, qu'un marchand de morale mît en relief ce beau poème, qui est une prière, où l'on apprend que la Princesse était la plus pieuse, la plus vertueuse et la plus courageuse des épouses. A la guerre contre la Principauté de la Mirandole, elle secondait son mari de ses conseils et, au besoin, de son bras en se battant à ses côtés ; la paix revenue, ils étudiaient les livres sacrés, « précieux monuments de notre salut, etc. ». Tout le poème est à lire pour sa beauté, et à méditer comme trait de mœurs.

anciens, réunis en Bibliothèque universelle, parallèlement avec les écrivains inspirés et traditionnaires (cabalistiques) se termina en *Conclusions* synthétiques que les temps modernes n'ont pas infirmées, bien au contraire, puisque tout un système d'apologétique religieuse fut établi sur la concordance des traditions unanimes [7].

La Renaissance s'enthousiasma pour les ouvrages antiques, c'est vrai, mais l'amour de l'Antiquité ne consitue par le paganisme de l'esprit. Il n'y a pas de siècles païens ; il y a des païens dans tous les siècles. Sensible à la tendresse d'Anacréon qu'il retrouve dans Synésius, Bossuet se montre plus sensuel, plus païen, que le pur Fénelon sous son enveloppe mythologique.

Avant de caractériser une époque il est nécessaire de s'initier à la fois dans sa philosophie et dans son mode d'expression. Ainsi l'ambroisie platonicienne que célébraient les Renaissants se nommait en réalité pour eux : la vision divine dont jouit l'âme béatifiée [8] ; l'Achéron était le Purgatoire. Le fameux Landino aux précieuses *Questions Camaldules* enseigne que « passer de l'Achéron au marais infernal » signifie le passage de la pensée qui s'égare à la concupiscence jusqu'à l'acte du péché [9]. Il faudrait citer Chr. Landino tout entier. Sa doctrine n'est qu'une continuelle transposition symbolique et chrétienne des mythes de l'Antiquité.

A mes yeux, et les preuves sont abondantes, Léonard de Vinci exprimait les croyances philosophiques

---

7. L'ouvrage de Marsile FICIN, *De Christiana Religione*, est à l'origine d'une nouvelle école d'apologétique authentiquement catholique. Qu'on se donne la peine de lire les œuvres du récollet Paschal Rapine, celles du génovéfain Beurrier, curé de Saint-Étienne-du-Mont, le confesseur de Pascal à son lit de mort, etc. L'influence de Ficin a été considérable en France et à l'étranger chez les poètes, les philosophes, et les apologistes de la foi chrétienne. Il a même été le créateur d'une tradition qui a été d'une grande importance au XIX⁰ siècle.
8. M. FICIN, *Banquet*.
9. *Camaldulensium disputationum Libri IV*. Florence, 1480, in-f°.

et religieuses de son époque. Nous savons qu'il avait lu Nonnus, qu'il connaissait Ficin par son ouvrage principal : *Theologia platonica, de immortalitate videlicet animorum ac œterna felicitate, libri XVIII.* Il y a identité de doctrines entre le peintre et le métaphysicien de Careggi ; cette parenté est encore resserrée par leurs sentiments communs sur la Beauté, par leur Esthétique [10].

Mais n'a-t-on pas prétendu que Léonard était borné dans sa connaissance du latin ? Des auteurs qui se passionnent pour un Léonard savant, tempèrent leur enthousiasme pour un génie universel. — moins le latin, — lorsqu'il s'agit d'arracher Léonard à la philosophie.

Quel pauvre argument, celui d'après lequel Péladan affirme que « l'étude des formes et des couleurs absorbait tout le temps de Léonard, et qu'il ne lui en restait plus pour l'étude des langues mortes ». Bien que l'on se présente comme traducteur des manuscrits du Vinci, il faut en avoir une connaissance plutôt insuffisante ou partiale, pour ne s'être pas aperçu des connaissances de Léonard à titre de latiniste. Je ne pense que le *De Immortalitate animœ* de sa « Bibliothèque » y ait figuré comme ornement. Disciple, sous certains rapports, du cardinal de Cusa, comment expliquer ce fait, si Léonard n'a pas été capable de lire ses écrits ? Ami intime du mathématicien Fra L. Paciolo et son collaborateur, comment aurait-il pu s'intéresser à ses savantes et profondes études, difficiles quant au style, et composer les épures de son *De Divina Proportione,* s'il avait été incapable de les suivre ! N'insistons pas. Nous avons meilleure estime des talents de Léonard que certains de ses imprudents admirateurs. Et nous

---

10. On a contesté que le *De immortalitate animæ,* catalogué dans la « Bibliothèque de Léonard », soit l'ouvrage de Ficin. Le véritable titre du livre de cet auteur est *De immortalitate animorum.* Si l'hypothèse que l'on a émise est exacte, la parenté spirituelle et esthétique que je signale n'en subsiste par moins.

sommes assuré que l'Artiste qui, de son temps, passait, dit-on, pour le meilleur diseur de rimes *all'improviso,* devait faire bonne contenance à la Cour des Princes où se rencontraient des hommes de lettres et même des femmes cultivées. Charles VIII, à son entrée à Florence, fut salué par des jeunes filles de douze ans ; elles le complimentèrent en latin.

Cela dit, quelle était la conception des dieux à l'époque de la Renaissance ?

Nous avons affirmé que le *Bacchus* de Léonard est la figuration symbolique du Messie hellénique, du Verbe.

Or, ce symbolisme figuré correspond à la pensée des Philosophes du XVe siècle. Il y avait en effet pour les Platoniques de la Renaissance, quatre degrés pour élever l'âme, par les *fureurs* divines, jusqu'à la Divinité suprême. Une de ces fureurs est nommée par Marsile Ficin la fureur *sacerdotale* ou *mystériale.* Le dieu qui lui correspond est justement Bacchus. Bacchus est le Dieu du sacrifice, dit-il; la superstition, prend soin de nous avertir encore Ficin, est la contrefaçon du mystère bachique.

Les Platoniciens de Florence regardaient Bacchus comme souverain Prêtre, deux fois né. C'est la conception éleusinienne ; et Ficin dit nettement : Bacchus est ce dieu de la génération et de la régénération.

Ne pourrait-on pas graver cette formule palingénésique en légende explicative, sous le tableau de Léonard de Vinci ?

Les mains du dieu, par leurs gestes si volontairement indicateurs, ne traduisent-elles pas en langage formel le système du cycle évolutoire de la naissance et du renouvellement par la mort, à considérer sur tous les plans : mystique, s'il s'agit du Logos incarné ; physique, s'il s'agit du grain de blé.

Toute doctrine palingénésique a son concept *solaire.* Les Humanistes n'ignoraient pas que Bacchus est un des noms du soleil. Profondément versés dans la connaissance de l'Antiquité, ils en avaient approfondi la Mythique planétaire.

Phébus et Bacchus sont toujours frères inséprables et tous deux ne forment qu'un individu... Phébus est la lumière, Bacchus est la chaleur. Ils sont frères toujours différents et cependant le même. Au printemps, le soleil est Phébus, Bacchus en automne. Qui énonce cette théosophie ? Marsile Ficin. Pic de la Mirandole ne la contredit point, certes ! puisque, pour exprimer l'intime union de leurs sentiments fraternels le comte de Concordia appelait Ficin son Bacchus et Ficin appelait Pic son Phébus.

Mais quoi ! est-ce à dire que les Philosophes de la Renaissance aient perpétué ce culte du soleil, si cher à certains ? Nullement. Et Képler, dont les opinions mystiques nous sont exotériquement connues entonne autant d'hymnes en l'honneur du soleil que Marsile Ficin ou que Léonard[11]. La réunion des qualités était souvent établie dans le soleil et cet astre en est ausi le véhicule. La lumière et la chaleur solaires produisent Apollon et Bacchus, dit Ficin expliquant Platon, et la lumière est en quelque sorte Dieu pénétrant l'étendue de ses œuvres. Le Vinci invoque à son tour « le Seigneur, lumière de toute lumière ».

C'est ainsi que les Ethniques se représentaient en figures — le soleil (Bacchus) — ce que nous voyons dans un face à face relatif ici-bas — (saint Jean annonciateur du Soleil de Justice révélé dans la personne de Jésus-Christ).

Et le soleil est androgyne.

L'esthétique formelle de Léonard de Vinci corres-

---

11. Il ne faut pas trop s'effrayer des conceptions des théosophes de la Renaissance relatives au Soleil. Pour se rassurer complètement, il suffit d'étudier le symbolisme de leur langage. L'un des plus intéressants platonisants de cette époque, Alexandre Farra, auteur de deux ouvrages où il kabbalise à souhait, est très explicite, notamment en interprétant la tradition orphique. Si on estime que cet auteur est trop ésotérique, on consultera Valeriano Bolzani.

pond absolument à la théosophie des Platonisants de Florence.

Faut-il invoquer encore le hasard ? Les œuvres des Artistes de l'Antiquité grecque n'avaient pas été révélées à l'admiration enthousiaste de la Renaissance ou ne l'avaient été que faiblement ; alors d'où serait venu à Léonard de Vinci cette conception hellénique, et par son identité avec la conception de la Beauté intégrale, c'est-à-dire androgynique, remarquable par sa filialité avec la conception de la Beauté tirée des Philosophies traditionnelles ? La Beauté exemplaire — l'androgyne — est l'expression formelle des théologies ésotériques des Grecs, le Bacchus de Praxitèle s'explique par Éleusis sans doute ; mais, comment expliquer le *Bacchus* de Vinci en parallèle avec son *Saint Jean* ? A mon avis par la connaissance des systèmes mystagogiques transmis par les traditionnaires, ou par Platon, Plotin, saint Denys l'Aréopagite, Trismégiste... tous les initiateurs des Théosophes florentins.

Cette hypothèse n'est-elle pas légitime ?

Oui, je le crois réellement, étant données l'abondance et l'étroitesse des rapports, comme je crois Léonard pénétré de l'intellectuel mysticisme des Humanistes qui nommaient saint Jean l'Évangéliste : Sanctissimus Parthenias. Les biographes, d'autre part, nous disent que la conversation de Léonard enchantait les sociétés qu'il fréquentait ; c'est indiscutable, parmi des hommes qui se plaisaient aux duels d'esprit et de savoir, le Peintre ne pouvait que leur être supérieur, mais dans une indentité de langage.

Quoique je n'aie que cursivement traité la philosophie de la Renaissance pour éviter la longueur des développements qui m'eût éloigné de mon sujet, il reste établi cependant que les intelligences éminentes de cette époque adhéraient aux doctrines qui, transmises par les traditions ou conservées par les Mystères constituent la gnose dont l'objet est le Verbe, le Verbe Rédempteur.

L'idée platonicienne de la Rédemption par la Raison, jointe à l'idée chrétienne de la Rédemption par l'Amour, n'est-ce pas la formule synthétique de la philosophie ficinienne ; les deux tableaux pentaculaires de Léonard ne lui correspondent-ils pas ?

L'Esprit s'unissant à la Matière, l'Infini avec le Fini dans la personne du Verbe, telle est la conception dominante de l'époque de la Renaissance. Cet hyménée, les Humanistes le constatent sur tous les plans ; tant il est vrai que pour toutes choses, le monde a le désir d'une mutuelle union de ces différentes parties, énonce Ficin. Cette union s'opère dans le monde planétaire, comme dans le monde végétal, affirme le même philosophe. Elle existe dans l'art architectural, Vitruve l'avait déjà remarqué, le Dorien correspond au mâle, l'Ionien, au féminin. Par l'hymen, le monde, au témoignage de David, est un peu moindre que les anges, déclare Pic de la Mirandole.

Si le principe céleste est mâle, le principe terrestre féminin, le mariage psychologique s'accomplit dans l'homme par l'union de la Raison et du Cœur, c'est-à-dire de la faculté compréhensive (mâle) et du principe de volonté (féminin). Toutes ces affirmations, tirées des Humanistes, expliquent l'Esthétique d'un Léonard de Vinci, trouvant l'équation du Beau dans la forme androgynique.

Cette forme est représentative de la Beauté intégrale, car finalement qu'est-ce que la Beauté, demande le philosophe de Careggi ? C'est, à n'en pas douter, le mariage de la force et de la grâce dont le corps resplendit par l'influx de l'idée.

N'est-ce pas la définition de la Beauté, telle qu'on pourrait la déduire du *Saint Jean,* du *Bacchus* de Léonard de Vinci, ou de telles autres œuvres où il l'a exprimée[12] ?

---

12. Les doctrines religieuses répandues dans l'Orient, dès la plus haute antiquité nous montrent que l'attribution des deux sexes fut un

On le pourrait d'autant mieux que le commentateur de Pic de la Mirandole, Archangelus de Burgo-Novo, nous révèle que les Bacchus orphiques correspondent aux diverses propriétés de la Beauté que les Hébreux cabalistes nomment *Tipheret* et Tipheret correspond au Logos, réellement incarné dans la personne du Christ, figurativement connu, par les Ethniques, sous le nom de Bacchus.

L'homme fut créé androgyne, nous rappelle les Humanistes aussi bien que Léonard dans l'expression de la forme. Or, création et régénération se répondent en théologie symbolique et c'est à cette régénération que nous incite le Vinci par l'entremise de ces deux figures idéogrammatiques, *Bacchus,* le *Saint Jean,* aux gestes révolutoires, aux sourires annonciateurs des divines félicités.

Oui, ce langage universel que Bacchus tenait aux Orphiques, saint Jean nous le redit. Il nous convie à redevenir ce que l'homme était originairement, c'est-à-dire l'homme en possession de l'intégralité de ses éléments, à nous modeler sur le type idéal du Messie.

Il nous convie à briller de l'or lumineux, symbole de la lumière dont le Vinci l'a revêtu, c'est-à-dire à devenir physiquement et moralement beaux. car « la lumière visible est la beauté des corps [13] », à devenir

---

des caractères particuliers des divinités qui président à la création du monde et à la reproduction de tous les êtres. En pouvait-il être autrement dans des systèmes où les actes relatifs aux phénomènes de la génération étaient considérés comme étant subordonnés à l'influence réciproque d'un principe actif et d'un principe passif ? Et les divinités qui étaient censées exercer une influence suprême sur ces mêmes phénomènes auraient-elles pu recevoir le tribut de vénération, d'amour et de crainte qu'on exigeait pour elles, si leur nature à la fois mâle et femelle n'avait appris aux mortels qu'en elles résidaient l'un et l'autre des deux pouvoirs générateurs ? L'antiquité ne nous eût-elle légué, sur ce point, aucun témoignage écrit et direct. Il suffirait pour lever toutes espèce de doute, d'observer que, chez les peuples les plus anciens de l'Orient, le premier homme était à la fois mâle et femelle et passait pour avoir été créé à l'image de Dieu. » (F. LAJARD, *Mémoire sur une représentation figurée de la Vénus orientale androgyne.)*
    13. FICIN.

bons, car « la perfection extérieure est la Beauté, la perfection intérieure est la Bonté [14] », à devenir purs, car « la lascivité est contraire à la Beauté parce qu'elle conduit à la difformité [15] », en un mot à nous transfigurer car « la beauté, c'est la transfiguration, c'est la lumière », ainsi chantait Savonarole, le grand inspirateur des Renaissants.

C'est une habitude prise d'opposer Savonarole aux Platoniciens de Florence, et de le représenter comme un fanatique ennemi des Arts. Cependant, ses admirateurs se nommaient Pic de la Mirandole, Botticelli, Lorenzo di Credi, Benivieni, Fra Bartolomeo, Luca della Robia, Cronaca et beaucoup d'autres ; n'oublions pourtant pas de citer le nom de son disciple, Michel-Ange. En se rappelant de tels noms, on regrette donc de lire des propos de ce genre : « En face de la loyale et digne figure de Ficin se place celle de Savonarole, l'adversaire de la Renaissance. » (Péladan, *La Philosophie de L. de Vinci,* p. 15.) Il est vrai que, page 17 de son ouvrage, cet auteur raconte qu'à Éphèse saint Paul jeta au feu « le livre des mystères ». Qu'en sait-il ? De quel *livre des mystères* s'agit-il ? Ce livre est sans doute comme celui des « arcanes de Pistorius ». (*Ibid.,* p. 32.) Pistorius est l'éditeur d'un recueil de traités kabbalistiques ; il n'a jamais composé d'arcanes. — Reproduisons un fragment du sermon de Savonarole (vendredi après le IIIe dimanche de Carême) : « La beauté dans les choses composées résulte de la proportion entre les parties ou de l'harmonie entre les couleurs ; mais dans ce qui est simple, la beauté c'est la transfiguration, c'est la lumière ; c'est donc par delà les objets visibles qu'on doit chercher la beauté suprême dans son essence... Plus les créatures participent et approchent de la beauté de Dieu, plus elles sont belles, de même que la beauté du corps est en

---

14. *Id.*
15. *Id.*

raison de la beauté de l'âme... » On croirait lire du Marsile Ficin, ou du Léonard de Vinci. — Encore une définition de la Beauté par Ficin : l'amour n'est rien autre qu'un désir de la beauté. La beauté du corps ne consiste pas dans l'ombre de la matière, mais dans la lumière et la grâce de la forme, non dans une masse sombre, mais dans une proportion lumineuse, non dans une lourdeur immobile et insipide, mais dans un nombre harmonieux et dans la mesure, etc. (Lettre à son grand ami Jean Cavalcanti.)

Comment peut-on oublier que c'est à Savonarole que le monde civilisé doit la Bibliothèque Laurentienne !

Lomazzo qui reproduit souvent Ficin mot pour mot dit aussi dans son *Idée du Temple et de la Peinture* (ch. XXVI) : en cherchant à réaliser le Beau dans ses œuvres, il faut que l'Artiste s'élève jusqu'à la source éternelle du Beau, c'est-à-dire jusqu'à Dieu, qui resplendit dans trois miroirs hiérarchiquement disposés, l'ange, l'âme et le corps ; de sorte que la beauté corporelle elle-même, prise dans sa véritable conception, n'est autre chose qu'une certaine force, une certaine grâce qui resplendit dans le corps par l'influx de l'idée [16].

Enfin, voici la progression spiritualiste résumant tout le Traité de l'Esthétique de la Renaissance : dans le corps, l'âme ; dans l'âme, l'esprit ; dans l'esprit, le Verbe, et Dieu dans le Verbe. (Pic de la Mirandole.) En un mot, n'est-ce pas là, formulée en écho, la théorie du symbolisme platonicien : le visible miroir de l'invisible ; système où la philosophie ésotérique des Hébreux et saint Paul, c'est-à-dire les deux révélations se rencontrent avec la Raison ? Ce symbolisme n'est-il pas celui de l'immortel Léonard réalisant le corps visi-

---

16. Comp. FICIN, *Banquet,* ch. 6, *passim.* Gioberti très influencé par la doctrine de Ficin disait : en dernière analyse la beauté n'est que l'éclat répandu par un type intellectuel sur une apparence sensible.

ble le plus beau qui exprime au moyen de la forme la plus belle, mue par l'esprit le plus divin, le Verbe.

Il n'y a pas à hésiter pour rattacher Léonard de Vinci au mouvement célèbre connu sous le nom d'humanisme. Les plus illustres Artistes de la Renaissance viennent ainsi, par leurs chefs-d'œuvre, compléter ce grand siècle. Michel-Ange est un Humaniste, son œuvre littéraire en témoigne ; Raphaël est un Humaniste lorsque son génie enfante la *Chambre de la Signature*. La *Dispute du Saint Sacrement* et *L'École d'Athènes* sont les symboles de la foi, et de la Science, de la Théologie et de la Philosophie qui cherche la vérité, de la Théologie qui l'a trouvée, d'après la définition de Pic de la Mirandole : *Philosophia veritatem quærit, theologie invenit, religio possidet.* Humaniste également et le plus grand parmi les grands, Léonard de Vinci traçant pour l'admiration des siècles à jamais, le *Baptiste* et le *Bacchus,* ces figures pentaculaires, trois fois sublimes, du cycle ethnico-chrétien.

Une remarque s'impose par rapport à l'usage que je fais de ce terme d'Humaniste appliqué à Léonard. Je n'ignore point que le peintre a repoussé ce qualificatif. Il suffit de s'entendre.

En acception rigoureuse, les Humanistes désignent les lettrés, grammairiens ou glossateurs qui, par leur revision des textes anciens, en fixèrent la meilleure leçon, tels sont, par exemple, Laurent Valla, Ange Politien, Philephe, Marsile Ficin pour ses magnifiques éditions de Platon et de Plotin, éditions qui ont bien essuyé le discrédit, mais dont la valeur n'a pas été surpassée, suivant des juges compétents et sévères. Dans ce sens d'éditeurs et de correcteurs Léonard n'est pas un « lettré », un Humaniste, c'est évident. Cependant lorsque Ficin compose son traité : *De l'immortalité de l'âme* ou son *Banquet,* il fait œuvre de philosophe, or, par extension l'usage a qualifié par le même mot les penseurs originaux et les érudits antiquaires de la Renaissance. Ainsi, on nomme Pic de la

Mirandole, Georges de Venise des Humanistes quoi qu'ils ne se soient jamais occupés de la correction des textes. C'est regrettable, sans doute, qu'une même appellation désigne un créateur doctrinal et un annotateur, cependant je suis obligé de me conformer à l'habitude en prévenant que je ne commets pas la sottise de prendre Marsile Ficin pour le Boissonade de son époque, et de même, quand j'appelle Léonard de Vinci un Humaniste, il ne me vient pas à l'idée de prendre ce puissant génie pour un redresseur de virgules, mais pour un homme qui appliqua son intelligence aux plus hautes conceptions [17].

Somme toute, pour la Renaissance, au sommet de l'Idéologie se tient la Révélation primitive, Moïse en reste l'interprète le plus ancien, les Sibylles et les Prophètes sont les annonciateurs du Messie ; Léonard alors représente saint Jean le Précurseur qui les résume tous, et Bacchus, le plu jeune des dieux helléniques, précurseur également, résumant tous les annonciateurs de la Gentilité.

La Renaissance eut le désir d'être une époque d'organisation et de synthèse. Léonard-le-divin qui est la plus grandiose expression de ce siècle exprime son dogme à l'aide de l'instrument symbolique. Quoi d'étonnant ! J'ai cité des textes en faveur de l'emploi fatal du symbolisme pour faire œuvre d'art ; j'aurais pu donner, non plus des textes, mais des témoignages esthétiques. En effet, un peu avant Léonard, Averulino l'architecte avait donné tous les plans d'une ville entière construite sur des bases symboliques, pensant avec raison : « que l'ensemble d'une cité et d'une ville, pour me servir du langage de Ballanche, est l'image de l'Univers » [18].

---

17. Voir une suite de considérations insérée en appendice.
18. L'ouvrage d'Antonio Averlino ou Averulino, dit le Filarète, a été résumé par A.F. R<small>IO</small> dans son livre sur *Léonard de Vinci et son école*. Il a été traduit en allemand : *Tractat über d. Baukunsi*, Vienne, 1890.

De nos jours un barbouilleur prend pour sujet de tableau deux œufs sur le plat. Il est sacré grand artiste, on s'extasie sur son dessin, on est ensorcelé par sa couleur. De toute évidence, pour les amateurs, d'esprit à jamais obtus, de cette singulière esthétique, il ne peut être question qu'une peinture de Léonard, ou de l'un de ses élèves, contienne une pensée, que des attitudes, des animaux, des fleurs soient des symboles. Il ne s'agit pas de l'Art, tel qu'il est conçu en des temps que la tragédie politique assombrissait, mais plus fortunés à d'autres égards. L.-B. Alberti prononçait une maxime qui fut écoutée : « Il faut que la peinture laisse penser bien plus qu'elle ne laisse voir. » Léonard ne l'a-t-il pas pratiquement approuvée, et de la manière la plus sublime ?

Les imprimeurs avaient leurs marques emblématiques, les fabricants de papier leurs filigranes mystérieux ; il n'est pas jusqu'aux fabricants de laine à Milan qui, au XIVe siècle, n'aient eu leurs signes symboliques d'industrie. Rien d'extraordinaire, par conséquent, que des artistes de premier plan se soient épris d'expression formelle renfermant une idée. Aussi n'est-on pas étonné de lire le chapitre IV du Traité d'architecture *(De Re AEdificatoria)* de L.-B. Alberti, cité et admiré par Léonard, de cet Alberti, homme universel lui aussi, qui peut rivaliser avec Léonard et même quelques-fois lui ravir la palme. Ce grand architecte, au chapitre que je viens de citer, se délecte dans la Symbolique des nombres. Si l'on allait jusqu'à adopter l'opinion selon laquelle le Vinci aurait ignoré les doctrines théosophiques des Humanistes de son époque, qu'il se soit soustrait, par amour de la méthode expérimentale, de l'hydraulique et de la poliocétique, à l'atmosphère intellectuelle de son siècle, l'influence platonicienne aurait gagné son esprit dans l'intermédiaire d'un L.-B. Alberti. « L'harmonie habite notre âme », dit-il ; « ne sait-tu pas que notre âme est faite d'harmonie » ! dit à son tour Léonard[19]. Le chapitre XIII du livre I du *De Re AEdificatoria* n'est pas moins intéressant pour notre propos. L'auteur y énonce que le nombre des marches d'un escalier devrait être impair, particulièrement pour les édifices et les temples sacrés ; de ce fait, on pénétrera dans le monument du pied droit, ce qui sera, croit-on, une intention religieuse. Et Alberti continue en ajoutant que les architectes les plus expérimentés établissent les degrés par sept ou par neuf, d'après le nombre des planètes ou celui des sphères célestes.

En lisant de tels détails, comment admettre qu'il serait déplacé que le *Parnasse,* de Mantegna, servît d'illustration au développement de forme astrologique, contenu dans le *Banquet* de Marsile Ficin. (V[e] discours, ch. VIII[20].)

L.-B. Alberti était architecte, sculpteur, peintre, ingénieur, érudit, musicien, moraliste et philosophe. Il était poète. Et c'est en poète, lui qui était surnommé le Vitruve florentin, qu'il eut le don de lire Virgile ; sous les fictions de l'Énéide il retrouvait les plus hauts mystères de la philosophie. Christofore Landino l'introduit comme interlocuteur dans ses Conversations du bois de Camaldulde. Philosophe et chrétien, Alberti y interprète admirablement l'ancien poète du Latium, en symboliste. A son sentiment, la peinture devait être délectable pour les savants et pour les ignorants. (*Della pittura,* I.II.) N'est-ce point-là ce principe fondamental qui a dirigé l'esprit de Léonard de Vinci ?

S'il est, sans aucun doute, légitime de négliger les manuscrits du Vinci, en se proposant de lire ses

---

19. Il est étrange de trouver, dans le traité d'ALBERTI, *Della Famiglia,* I. III, le texte suivant : « Tu sai, Lionardo, che io non so lettere. Io mi souo in vita ingegnato conoscere le cose, più colla pruova che col dire di altrui. » Le texte correspondant de Léonard de Vinci est bien connu.

20. Il existe de Mantegna au moins un tableau signé en grec : le *Saint Sébastien* du musée de Vienne (Autriche).

tableaux, il est juste de reconnaître qu'il est possible d'y trouver confirmées ses tendances naturelles au symbolisme. Léonard se plut à dessiner des allégories. La plupart sont devenues à ce point obscures pour nous que les uns et les autres leur donnent des titres différents. Il y en a qui, très probablement, font allusion à des faits contemporains que nous ne savons pas retrouver. L'une des allégories, dont nous avons la clé, est celle du « Plaisir et de la Douleur ». Elle est à demi expliquée par l'Artiste lui-même. « Le Plaisir et la Douleur peuvent être représentés ensemble et accouplés ; parce que jamais l'un n'est séparé de l'autre... On se figure que le roseau dans la main du Plaisir est vain et sans force, et sa piqûre est cependant venimeuse. Nous employons le roseau en Toscane pour soutenir les lits, etc. » Et Léonard donne les raisons symboliques de l'emploi du roseau. Cette allégorie est évidemment inspirée par le *Phèdre* de Platon, et adaptée à des croyances populaires.

Le Vinci se préoccupa beaucoup — la chose est certaine — du sens symbolique des plantes et des animaux. Relativement au lin, il note qu'il est « dédié à la mort et à la corruption des mortels ». On sait que l'Artiste rédigea par écrit la description hâtive des attitudes qu'il donnerait aux personnages de sa *Cène*. Or, concernant un portrait de Ludovic le More, il en fit autant, et nous constatons qu'il entendait lui donner un caractère symbolique, voulant représenter « Envie peinte avec Fausse Infamie et Justice noire ». Et, à ce sujet, il note que « la bonne Renommée vole et s'élève au ciel, parce que les choses vertueuses sont amies de Dieu », et que « l'Infamie doit se figurer sens dessus dessous, parce que toutes ses œuvres sont contraires à Dieu et se dirigent vers les Enfers ».

Encore une allégorie : « Au-dessus du casque place une moitié de globe, afin de signifier notre hémisphère, dans la forme du monde ; et là qu'il y est un paon richement décoré, sa queue déployée sur tout le groupe ; et chaque ornement du cheval sera de plumes de paon sur fond d'or, afin de signifier la beauté qui provient de la grâce accordée à celui qui est un bon serviteur [21]. »

Une autre allégorie : « Envie doit être représentée avec un geste méprisant de la main contre le Ciel, parce qu'elle emploie toute son énergie contre Dieu ; fais-la avec son visage couvert par un masque de physionomie agréable ; montre-la blessée à l'œil par une branche de myrthe, afin de signifier que la Victoire et la Vérité sont les objets de sa haine. Plusieurs éclairs sortiront d'elle, afin de signifier son langage méchant. Qu'elle soit maigre et hagarde parce qu'elle est perpétuellement tourmentée. Fais son cœur mordu par un serpent gonflé, et fais-la avec un carquois de langues lui servant de flèches, car elle s'en sert souvent pour attaquer. Donne-lui une peau de léopard, parce que cet animal tue le lion sans envie et par supercherie. Mets-lui également un vase dans la main plein de fleurs, de scorpions, de crapauds et autres bêtes venimeuses ; fais-la chevaucher sur la mort, car l'Envie ne meurt jamais, et elle ne se lasse jamais de dominer. Mets-lui un frein et charge-la de toutes sortes d'armements, parce que ses armes sont mortelle.

« Tolérer.

« Intolérable.

« La Vertu n'est pas plutôt née que l'Envie vient dans le monde, et il aura plutôt un corps sans ombre que la Vertu sans Envie. »

Nous avons suffisamment, croyons-nous, montré que Léonard de Vinci avait une tournure d'esprit symbolique.

---

21. Il se pourrait que cette esquisse fasse partie d'un projet pour les représentations allégoriques des fêtes qui se donnaient aux grandes solennités officielles, telle qu'une entrée de Prince dans une ville. En ce genre d'« ystoire », Perréal et Léonard étaient particulièrement maîtres.

CHAPITRE V

L'art du Vinci est donc symbolique et le symbolisme est une dépendance de la Théologie. Le peintre voulant exprimer sa pensée religieuse le fait par une forme en adéquation avec son concept. Lui reprocher alors de n'avoir pas dessiné un homme squelettique émacié par les privations, l'homme rude du désert, c'est lui reprocher de n'être pas resté dans une donnée historique. Penser avec l'honnête et timide. A.-F. Rio qu'on chercherait en vain dans l'œuvre de Vinci « cet idéal ascétique réalisé plus ou moins heureusement par la peinture chrétienne mais auquel Léonard, avec tout son génie, ne put jamais atteindre », ce serait penser une... ingénuité.

— Telle n'était pas mon intention, aurait pu répondre l'Artiste ; je voulais représenter l'Annonciateur du Verbe, le Verbe est beau, essentiellement beau, j'ai donc peint la forme la plus belle, et la forme la plus belle c'est l'androgyne.

Ce n'est pas une moindre curiosité que de signaler l'identité de l'expression esthétique chez Léonard avec l'esthétique contenue dans le livre de la doctrine ésotérique des Hébreux, le *Zohar*. « Toute forme, dit ce livre, dans laquelle on ne trouve pas le principe mâle et le principe femelle, n'est pas une forme supérieure et complète. »

Ainsi Léonard n'a pas, à l'exemple des esprits atrophiés, l'idée d'un Dieu couvert du manteau de l'esclave. Non son Dieu est celui de l'Évangile éternel. On se demande souvent quelle a été la religion des hommes de génie et l'on tremble lorsque des biographes nous apprennent qu'ils ne mutilaient pas leur chair par d'austères disciplines.

Le Dieu qu'ont adoré Dante, Léonard ou Beethoven est un Dieu qui a traversé la Mort, avant tout c'est le Dieu qui a été, qui est, qui sera, c'est l'Éternel, c'est le Dieu *vivant,* celui dont « la Beauté n'est autre que la splendeur de la gloire qui réside dans le Père des lumières [1]. »

Ballanche avait rêvé, sur la fin de sa vie, d'écrire une Esthétique [2] ; un conseil donné aux Artistes par ce génie synthétique nous a été conservé : l'Artiste doit s'efforcer à la recherche de la forme idéale que l'homme possédait avant la chute. Précieuse pensée du pur prophète moderne ! Cette forme antélapsaire, nous la connaissons, son type a été révélé par Jésus sur le Thabor, c'est l'homme cosmogonique [3], on la nomme androgyne. Léonard l'a réalisée.

Il y aurait un livre superbe à écrire afin de prouver que tous les esprits synthétiques ont été dominés par un perpétuel et unique système ; organes de l'Esprit ils ont formulé la même doctrine. Ballanche est l'écho de Dante dans les temps modernes ; les principes esthétiques qu'on pourrait déduire de leurs principes métaphysiques trouvent leur origine dans Platon qui lui-même n'était que le disciple, comme il le

---

1. Marsile FICIN.
2. On peut trouver dans l'*Essai sur le Beau* du fougueux Gioberti quelques données fondamentales identiques à celles d'où Ballanche aurait tiré son Esthétique.
3. « Jésus transfiguré sur le Thabor : tel est l'homme cosmogonique. » Ballanche, *Vision d'Hébal*, p. 110.

dit, de la thésophie primitive, révélée. Qu'on lise le *Symposion,* on écoute la pensée moïsiaque traduite en langage attique ; qu'on s'extasie devant Léonard, on y voit plastiquement formulé tel que le comprenait la philosophie platonicienne, le dogme cosmogonique : la création androgynique.

Cette théorie esthétique a été entrevue par Joseph de Maistre, d'Orcet l'a plus profondément et plus diversement étudiée à travers les âges, elle a été reprise par un esthéticien éminent, M. Péladan.

En fait, si le Verbe humain est l'instrument du Verbe éternel, la forme androgynique est la représentation du divin incarné dans l'humain ; l'homme ainsi représenté est réellement l'ancestral *microthée,* créé à l'image et à la ressemblance de l'éternité de Dieu.

Philosophiquement parlant, admettant que l'Humanité n'acquiert que successivement la connaissance rationnelle de Dieu, nous concluons, Léonard témoin, que la Renaissance eut plus particulièrement la notion de l'Absolu sous le rapport du second terme de la Divinité. Ce second terme est le Dieu rendu relativement accessible à l'intelligence humaine par sa manifestation dans le temps ; ce second terme est la Raison, le VERBE.

A d'autres siècles était réservée la compréhension du troisième terme, celui de l'AMOUR. C'est pourquoi, j'ose le dire en donnant raison à Ruskin : l'art n'a pas encore tout dit ; oui l'art a encore un cycle à parcourir et le plus beau et le plus sublime. Cette troisième période fermera le cercle de l'appréhension intellectuelle de l'ÊTRE.

Ces déductions nées de l'œuvre de Vinci méditée n'offrent pas l'inconsistance du rêve, la nébulosité d'une vision en demi-teinte. Non ; remarquons-le, Léonard n'a jamais ouvert les cieux comme les primitifs, il n'est jamais descendu aux enfers. Dans son œuvre, nul spectacle d'au-delà, nulle menace infernale ; il a voulu ʀ ·ter toujours dans un plan divin-humain. La matière est spiritualisée, l'esprit est corporisé ; ce mariage (dont l'ancolie est le symbole) se traduit : l'unité rendue sensible.

Le poème de la Douleur humaine s'énonce sur le poème de la Passion du dieu incarné ; mais nous poursuivons notre labeur, consolés par le *Saint Jean* de Vinci rythmant ses lèvres en sourire d'espérance, montrant, de son index impératif, le Ciel.

Le problème théologique se prolonge en problème social. Pour les Grecs, Bacchus est le dieu qui doit détrôner Jupiter, c'est le dieu de tous sans distinction ; pour les Chrétiens, saint Jean annonce le dieu qui accordera à tous l'usage du pain et du vin, — Jésus-Christ — qui détrônera Jéhovah, le Dieu dont le prophète Moïse *garda toujours un voile sur le cœur.*

Une dernière preuve pour montrer à quel point les hommes de la Renaissance furent guidés par le même idéal, m'est fournie par l'admirable tableau de Mantegna : le *Parnasse.*

En cette œuvre, l'artiste figure l'union, la réconciliation de Mars et de Vénus, de la Haine, de la Violence avec la Douceur, la Bonté.

L'amour qui protège ce mariage se tourne dans la direction de Vulcain, furieux, car les armes qu'il forgeait sont désormais inutiles, l'amour fait retentir au son de la trompette les accents de la Concorde, de l'Harmonie, symbolisée par la danse cyclique des neuf Muses, réglée par la lyre d'Apollon, « l'impérissable heptacorde qui règle le mélodieux concert du mouvement céleste[4] ». Au premier plan du tableau, Mercure, dieu androgyne, coiffé du pétase d'Arcadie, portant les talonnières ailées et tenant le Caducée avec la flûte de Pan. Je ne veux pas m'étendre trop longtemps sur cet ouvrage aux commentaires innombrables. Ce n'est pas non plus le lieu de s'enfoncer à nouveau dans l'étude de l'Antiquité. Qu'il soit suffisant de savoir qu'Orphée

---

4. Eusèbe, *Pr. ev.*, I, XI.

en sa 57ᵉ hymne assimile Bacchus à Mercure. En effet, les rapports de ce même dieu considéré sous deux de ses attributs sont tellement étroits qu'on peut identifier les deux personnages dans une même représentation symbolique.

Donc, par l'explication cursive du tableau de Mantegna, le lecteur voit l'intimité des liens qui rapprochent au point de vue théologique l'Artiste lombard de l'Artiste padouan. Ainsi, Apollon, lumière éternelle, règne sur les neuf sphères célestes, individualisées par les neuf Muses dont l'intelligence ou l'esprit animateur est pour chacune un attribut de Bacchus. L'idée-mère, en somme, de Mantegna s'intitule: le Iacchon, le règne de la Paix, le règne de l'Amour, en langage chrétien le règne du Saint-Esprit [5].

Infailliblement, cette interprétation est établie par le symbolisme. Le trône nuptial de Mars et de Vénus — antinomie réconciliée dans l'Amour et la Beauté — se détache sur un rideau de feuillages de laurier, emblème de paix et d'immortalité. Les draperies de ce trône sont colorées par ordre de succession en bleu, en blanc, en rouge, couleurs d'un symbolisme remarquable. En effet, elles sont celles du Gouvernement divin, de la Trinité, celui de la Liberté, de l'Égalité et de la Fraternité, c'est-à-dire de la Hiérarchie confondue dans l'Amour qui termine Dieu.

Je le demande à tous les peintres, y a-t-il trois couleurs plus criardes, plus hurlantes que le bleu, le blanc et le rouge accouplés et cependant Mantegna les a employées, n'y avait-il pas une raison déterminante ?

Quelle coïncidence ! Mantegna donne une forme plastique à la conception de l'Harmonie cosmique et pneumatique, il développe une draperie tricolore et ces couleurs emblématiques sont celles attribuées par le symbolisme traditionnel au Père, au Fils et à l'Esprit !

---

5. Cf. Marsili FICINI in *Platonis ionem.* Voir en ce lieu son élucidation cosmique et musicale.

Il est heureux de voir Mantegna exécuter un tableau que la critique contemporaine ne manquerait pas d'appeler un rébus, comme elle l'a toujours fait, en sa pédante insuffisance envers les Artistes qui ont suivi cette voie tracée par les hommes de génie. Quant à ceux qui seraient tentés de m'accuser d'imagination déréglée, sans plus tarder, je les renverrais au tableau qui voisine le *Parnasse* au Musée du Louvre. Dans cette œuvre le peintre a pris la peine de graver sa pensée en plusieurs langues.

Vous ai-je bien devinés, *Saint-Jean, Bacchus ?* Renaissance, t'ai-je bien qualifiée ?

En tout cas j'ai montré, par des exemples, la subtilité des artistes d'époques qui, hélas ! ne sont plus. Notre temps semble vouloir excuser son pénuement esthétique. Il tresse des couronnes en l'honneur de Léonard de Vinci, inventeur et savant. Un tel ancêtre légitime, juge-t-on, les tendances machinistes de nos jours. Et tout un passé de gloire métaphysique n'est plus aux yeux contemporains qu'une confusion de subtilités scolastiques. « Initiateur de la Pensée moderne », voilà ce qu'est le Vinci maintenant, et cette « pensée moderne » serait la science détrônant la tradition religieuse. Léonard n'est plus un homme de son siècle, il vit dans le nôtre. Plusieurs critiques le louent pour être, affirment-ils, l'inventeur de la méthode expérimentale. Ces déclarations seraient évidemment dignes d'examen si elles ne prouvaient pas avant tout l'ignorance de leurs auteurs, l'ignorance qu'ils ont du Moyen Âge sous le rapport de la Philosophie et de la Science. Inventeur de la méthode expérimentale, Léonard le serait peut-être si Roger Bacon ne l'avait pas été plusieurs siècles avant lui. Pourquoi chanter merveille à propos de certaines divinations scientifiques ? Il faudrait au moins modérer le ton déclamatoire ; Roger Bacon n'a-t-il pas parlé d'aviation dans sa fameuse *Lettre sur les travaux secrets de l'art et de la nature et sur la nullité de la magie.* Le moine, il est vrai, avoue n'avoir point pu par lui-même voler dans les airs, mais déclare qu'il connaît l'auteur de l'invention. Enfin s'il s'agissait de mesurer la valeur des hommes de génie sur les prévisions mécaniques, Roger Bacon l'emporterait encore puisque l'idée de la locomotion automobile ne fut pas absente de son cerveau prophétique. Énumérant la série des applications possibles de la science, il écrit : « ... *item currus possunt fieri ut sine animali moveantur cum impetu inestimabili.* »

Encore une fois, et pour terminer, la gloire de Léonard de Vinci est d'avoir exécuté ses chefs-d'œuvre incomparables : *le Précurseur, Bacchus, la Cène, la Joconde...* Parmi ces ouvrages, plusieurs sont, au jugement d'un grand nombre, énigmatiques. Cette énigme ne pouvait être percée qu'en interrogeant l'intellectualisme de la Renaissance. Cet âge s'exprimait par le symbolisme. Ce langage était, pour ainsi dire, celui de tous, un Ludovic le More avait pour emblême le mûrier, le seul rôle à tenir était alors d'écouter parler les grandes illustrations de l'esprit auxquelles Léonard ne saurait être inférieur. Maintenant si l'on affirme que l'Artiste peignait des sujets traditionnels auxquels il ne croyait pas, j'avoue ne point être assez hardi pour oser un tel jugement.

APPENDICE

La coutume s'est plus ou moins perdue de faire remonter à Bacon et à Descartes l'instauration de la méthode scientifique. On a réclamé en faveur de Léonard de Vinci, et le titre d'*Initiateur de la Pensée moderne,* ou celui d'*Initiateur de la Méthode expérimentale,* lui a été attribué, et il est resté pour beaucoup comme son plus beau titre de gloire. La méthode expérimentale ne date cependant pas de Léonard. Qu'on veuille bien réfléchir : Albert le Grand, cité par lui, s'est illustré dans l'emploi de cette méthode.

Mais avant de considérer la valeur du titre d'« Initiateur de la Pensée moderne » qu'on décerne à Léonard, quoique nous ayons, dans le corps de notre ouvrage, examiné rapidement la question, il nous faut en terminer avec les critiques qui lui prêtent à l'égard des Humanistes une attitude dédaigneuse. Ils la lui prêtent grâce à une méthode qui semblera n'avoir rien de scientifique. Dans *Textes choisis de Léonard de Vinci,* Péladan traduit (p. 75) : « Parce que je ne suis pas lettré, certains présomptueux prétendent avoir lieu de me blâmer en alléguant que je ne suis pas un humaniste. » Ce traducteur, après avoir groupé quelques réflexions de l'artiste, sous la rubrique de « Contre l'Humanisme », donne cet avertissement : « Ces réflexions... répondent aux attaques dont Léonard fut couramment l'objet de la part des lettrés et humanistes qui ne voyaient rien d'égal à leur érudition et à leur rhétorique. »

— Couramment ! Chacun sera intéressé de connaître par son nom l'un au moins de ces adversaires si acharnés. Une chose est certaine : c'est fausser la pensée de l'auteur que de traduire *io essere uomo senza lettere* par *je ne suis pas un humaniste.*

Léonard n'a pas été un écrivain de profession ; il n'a pas été un humaniste, en prenant ce terme dans son acceptation de philologue ou de grammairien. Toutefois, en lui attribuant une attitude méprisante à l'égard d'Humanistes tels que Politien, Ficin, Landino, Georges de Venise et d'autres, puisqu'on les appelle eux aussi de ce nom, on aboutit à déprécier le grand homme qu'on veut faire honorer. Et l'un de ces humanistes, Ange Politien, aurait été plus judicieux en déclarant qu'à son opinion, les arts, les sciences, la philosophie, toutes les connaissances sont liées les unes aux autres. Il faut se rappeler qu'un tel écrivain fut estimé en Italie et à l'étranger par tous les gens cultivés. La publication de ses *Miscellanées* a été, à Milan précisément, attendue avec une sorte d'impatience générale ; elle a été un véritable « événement littéraire ». Notons que cet humaniste, dont Carducci n'a pas dédaigné de rééditer les Poèmes, tient une place éminente dans l'étude du Droit romain. L'un des premiers il appliqua la critique au Droit. Et ce sont des hommes de cette qualité que Léonard aurait méprisés !

Que veut dire le Vinci en s'opposant aux lettrés ?

Expliquons la chose par un exemple concret. Léonard étudia l'anatomie sous la discipline de M.-A. della Torre, professeur à l'Université de Padoue. Or, à cette époque, la description du corps humain était donnée aux élèves d'après celle de Galien, c'est-à-dire telle qu'on la trouvait dans le livre et non d'après nature.

Notons que Berengario, de Carpi, professeur d'anatomie à Pavie et à Bologne, de 1502 à 1527, surnommé le « Restaurateur de l'anatomie », disséqua plus de cent cadavres. Néanmoins, malgré ce progrès dans l'étude, quoique l'examen du cadavre humain eût amené à constater les erreurs de la tradition galénique, on continuait par force d'habitude à enseigner d'après le célèbre médecin grec. Mundini, né à Milan, y professa vers 1315. Il était obligatoire à la Faculté, deux cents ans après sa mort, de suivre l'enseignement textuel de ce médecin très influencé par le Galénisme. Signalons que son *Anatomie* parut en 1478. Léonard, en s'opposant aux hommes du livre, n'a pas d'autre ambition (comme L.-B. Alberti qui en fit autant) sinon de se prévaloir contre ces « savants » de son attitude rationnelle et expérimentale. En rudoyant les gens routiniers qui s'en référaient aux Grecs et aux Arabes, comme s'il n'y avait plus rien à apprendre, il n'agit pas autrement que Paracelse (1493-1541) qui disait lui aussi : « Ma doctrine est fille de l'expérience. »

L'invective de Léonard n'est-elle pas définitivement éclaircie par une note selon laquelle il veut se souvenir de faire « un discours sur le blâme mérité par les savants qui suscitent les obstacles à ceux qui pratiquent l'anatomie, et par les abréviateurs de leurs recherches » ? Si l'on tient compte du fait que Léonard fut diffamé auprès du Pape, on conclut, d'abord, que lesdits abréviateurs sont très probablement les secrétaires de la chancellerie pontificale, lesquels étaient des « savants », et d'autre part, que toute la querelle en cause est due à la pratique de la dissection par Léonard. Au siècle de Léon X, la dissection n'était pas encouragée à Rome et le Platonisme pas davantage[1].

---

1. Il se pourrait bien que les auteurs s'égarent en traitant de la Renaissance comme d'un retour au Paganisme, et de Léon X comme de l'un de ses soutiens. Dans sa Bulle du 19 décembre 1513, ce Souverain Pontife (s'il est permis de s'exprimer ainsi sans encourir le risque d'être

93

Le Vinci, enfin, n'avait évidemment aucun titre universitaire qui justifiât des recherches scientifiques de cette nature.

Émettons maintenant quelques réflexions relatives à l'histoire de la Philosophie, par rapport à Léonard.

Critiques et professeurs devraient bien prendre exemple sur les novateurs qu'ils promeuvent, pour l'étude de l'histoire de la Philosophie.

C'est un lieu commun, en effet, dont ils ne se sont pas encore lassés que d'opposer la Renaissance et le Moyen Âge. Le Moyen Âge, c'est le mysticisme, c'est la théologie qui domestique la raison, pour tout dire en un mot, c'est la Scolastique ; la Renaissance, c'est la Nature retrouvée, c'est la réaction de la Raison contre une autorité opprimante, c'est l'observation et l'expérience contre le dogme, la tradition ecclésiastique, la superstition et le préjugé. Ce Moyen Âge, ivre de surnaturel, perdu dans les rêveries d'une métaphysique qui tendrait à faire mépriser par l'homme la Nature et les sens, est conventionnel. On en est arrivé à établir un divorce entre la philosophie et la science, puis à se débarrasser de la métaphysique sous prétexte de science.

Il n'y a qu'un souhait à exprimer : que les historiens du développement des Idées à travers les siècles rétablissent l'exacte vérité sur une base vraiment scientifique, en reconnaissant que la théorie de la Connaissance au Moyen Âge, dans la philosophie qui devint dominatrice, accorda aux sens une place prépondérante, tandis que les hommes de génie, qui préparèrent l'âge

---

qualifié de païen !) recommandait aux élèves du Collège romain de « s'adonner désormais aux études sérieuses et de renoncer à cette philosophie mensongère appelée le Platonisme et à cette folle poésie, qui n'étaient propres qu'à gâter l'âme » ; et il ajoutait que les professeurs devaient y être des professeurs de vertus, plus encore que de belles-lettres, et qu'il leur remettait la charge d'enseigner et de défendre la vérité, c'est-à-dire la religion du Christ, les libertés de l'Église et l'autorité du Saint-Siège.

arbitrairement dénommé moderne, sont des pythagoriciens, des platonisants, des mystiques, voire des illuminés : Cusa, Copernic, Képler, Galilée, Paracelse[2]... Pour la très grande majorité des auteurs, « Renaissance » est synonyme de « Paganisme », avec toutes les nuances que ce mot contient : indifférence confessionnelle, licence des mœurs... On insinue que la Nature, comprimée par l'ascétisme du Moyen Âge, s'est révoltée et qu'elle a reconquis sa loi primitive de libre épanouissement. Et les historiens de phraser sur ce thème convenu ! Relativement à Léonard de Vinci, puisqu'on en est arrivé à mettre en doute sa foi religieuse, on fait valoir ses allusions, ses boutades et ses saillies contre le clergé.

Comment se peut-il faire que des critiques fondent encore une opinion compromettante pour la croyance religieuse d'un homme illustre, sur les satires ou sur les mots malicieux qu'il dirigea contre les gens d'Église ? On serait, dès lors, obligé de mettre les Pères de l'Église au nombre des incroyants ou parmi les dissidents à l'égard du siège de Rome. Quoi de plus fort pour les vivacités de saint Jérôme (*Epist.*, XVIII, 34) : « Il y a des clercs qui briguent la prêtrise ou le diaconat, écrit-il, pour voir les femmes plus librement. Ils soignent leurs habits, ils se chaussent coquettement, ils se parfument et se frisent au petit fer, les bagues brillent à leurs doigts, ils marchent sur la pointe du pied, etc. » Saint Grégoire de Nazianze est aussi véhément, et cela en s'adressant à des évêques *(De Episcopis);* il qualifie ses collègues qui assistèrent au IIe Concile œcuménique de « lions vis-à-vis des humbles, de chiens vis-à-vis des grands », et il ajoute : « Nous traitons les choses divines à coups de dé. Mettez un masque de théâtre au dernier des hommes, cela suffit, le voilà tout à coup un homme pieux. Hier, il

---

2. Voir à ce sujet les dissertations de Fr. Morin et du Dr L. Cruveilhier.

était parmi les histrions et dans les coulisses, aujourd'hui il est le spectacle de l'Église ; hier, avocat et vendant la justice, aujourd'hui un autre Daniel ; hier, danseur efféminé et le plus habile à boire, aujourd'hui recteur de vierges et de matrones ; hier, Simon le Magicien, aujourd'hui saint Pierre, etc. » On composerait un recueil volumineux de traits pareils, empruntés aux personnages catholiques les plus authentiques. Les invectives du Vinci sont bien fades, d'autant mieux que de plus acérées n'auraient pas été injustes ! serait-on obligé de rappeler qu'en Italie Dante et Jacopone da Todi ont été violents pour les gens d'Église ?

D'ailleurs, quelle est la fonction dont les professionnels n'ont pas encouru la censure au siècle de Léonard ? Ne se rappelle-t-on pas le fabliau de Corneille Agrippa au sujet des jurisconsultes et des médecins qui se disputent la préséance ? « Quelle est, demanda le juge, la coutume de mener les délinquants au supplice et dans quel ordre marchent le larron et le bourreau ? Eux, ayant répondu que le larron allait devant et que le bourreau suivait, le juge fonda là-dessus sa sentence et dit : que les avocats donc précèdent et que les médecins viennent après, voulant noter par là les grands larcins des uns et les homicides des autres. »

Examinons la physionomie intellectuelle de Léonard dans la perspective philosophique. Des critiques (ils doivent s'y connaître, puisqu'ils se disent gens de science) le rendent glorieux d'avoir rompu avec la Scolastique.

Constatons qu'il y a dans les manuscrits de Léonard quelques lignes relatives à la philosophie pure, concernant le problème de la Connaissance, qui indiquent quelles ont été ses tendances directrices en cette matière. Le lecteur atentif pourra se rendre compte que Léonard de Vinci, si novateur qu'on l'affirme, ne s'est pas dégagé d'un Aristotélisme vieilli. On ne retrouve plus chez l'auteur des manuscrits cette subtilité qu'on admire chez le créateur de peintures d'un symbolisme si profond, qu'il est incontestablement le plus séduisant ornement de son siècle.

Nous devons infiniment regretter, concernant ces fameux manuscrits, de n'avoir fréquemment que des fragments ; maintes propositions, à lire ces notes avec réflexion, sont contradictoires. D'une part, le Vinci déclare : « Par l'expérience on découvre la cause. » D'autre part, il dit : « Il n'y a point d'effet sans cause dans la nature : saisis la cause et ne t'inquiète pas de l'expérience. » On doit bien l'avouer l'auteur n'a point laissé une théorie rigoureusement coordonnée. C'est Léonard qui énonce : « Toute notre connaissance a son principe dans les sens[3] » ; et c'est encore lui qui affirme : « La nature est pleine d'infinies raisons qui ne seront jamais dans l'expérience. » Encore une fois, regrettons que Léonard n'ait pas eu le temps de classer lui-même ses matériaux littéraires. En effet, est-ce une note qu'il reproduit ou bien lisons-nous une sentence dont il a pris la responsabilité lorsqu'il écrit : « L'âme désire rester unie à son corps, parce que sans les instruments organiques de ce corps elle ne peut ni agir ni sentir. » A lire un tel aphorisme, ne le comprenant comme faisant partie de la Doctrine léonardienne, nous devrions concéder aux positivistes qui l'assurent, que l'auteur n'était pas chrétien, ou du moins, qu'il ne l'est point en bonne philosophie. Mais il a, de toute évidence, emprunté cet aphorisme à la

---

3. Le mot textuel est *sentimenti*. M. Péladan traduit : « toutes nos connaissances viennent du sentiment ». Mlle L. Servicen traduit de même : « toute notre connaissance découle de notre sensibilité ». Il est facile de se rendre compte qu'il faut traduire par *sens* et non par *sentiment* ou *sensibilité*. Cette interprétation est la seule qui soit logique avec les principes philosophiques de Vinci, concernant la doctrine de la connaissance. Je m'excuse de rappeler que *sentimento* comporte les deux significations : *sens* et *sentiment*. Au surplus, en adoptant la traduction de *sentiment* ou de *sensibilité*, on chargerait Léonard d'une contradiction supplémentaire.

tradition aristotélicienne ou à quelque scolastique discipline d'Aristote, chez lequel, d'ailleurs, il aurait négligé de recueillir l'affirmation discordante avec les principes qui sont à la base de l'Idéologie chez les scolastiques péripatéticiens, affirmation toute gratuite, au surplus, qui est la suivante : « L'âme séparée du corps pense au moyen d'espèces participées de l'influence de la lumière divine. » Cette négligence constatée, nous voyons que Léonard aboutit, en énonçant l'aphorisme que nous avons cité, au matérialisme. Vasari lui-même n'escomptait pas une telle conclusion. En effet, selon les Péripatéticiens, l'intelligence ne peut opérer et connaître sans le secours des sens, c'est-à-dire des organes corporels. Il s'ensuit que la vie sensitive une fois éteinte, la vie intellectuelle est abolie.

Les scolastiques péripatéticiens ne sauvent la doctrine traditionnelle de l'immortalité de l'âme qu'à l'aide de raisonnements — si l'on ose dire — dont la valeur ne repose que sur la bonne volonté de ceux qui les écoutent dévotement. Et l'on reste heureusement surpris d'entendre Léonard exprimer un autre aphorisme, sans lien logique avec le premier, lorsqu'il dit : « L'âme ne peut se corrompre dans la corruption du corps, mais elle agit à la façon du vent qui est cause de son dans l'organe ; or si l'enveloppe se gâte, il n'en résulte pour elle aucun effet. » Marsile Ficin enseignait : *anima adest corpori separabiliter, sicut lumen aeri.* C'est la même théorie avec une autre comparaison. Nous n'avons plus qu'à déplorer que Léonard ait partagé la thèse suivant laquelle « l'âme est dans le cerveau, et non dans tout le corps, comme beaucoup l'ont cru », thèse dont saint Thomas s'est fait l'écho. Assurément, nous avons à regretter qu'un aussi grand artiste et un si éminent savant ait soutenu, toujours d'après l'école à laquelle il reste trop souvent fidèle, une théorie de la perception des sens qui le fait parler comme un physiologiste de nos jours. N'écrit-il pas : « Dès que les pointes des doigts ont touché l'objet, le sens perçoit immédiatement s'il est chaud ou froid, dur ou mou, aigu ou lisse » ? Léonard n'était pas autant l'homme d'expérience qu'on l'a affirmé et qu'il le croyait lui-même. Il s'oubliait à écrire : « Heureux ceux qui prêteront l'oreille à la parole des morts ; lire les bons ouvrages et les mettre en pratique. » Il n'a pas eu la bonne fortune de trouver un de ces « bons ouvrages » qui lui eût indiqué que c'est l'âme qui perçoit, de telle sorte qu'un auteur, décidément trop peu connu comme philosophe — je parle à ne rien cacher de saint Augustin — a pu énoncer : « Les douleurs de la chair sont des douleurs de l'âme dans la chair et à cause de la chair. »

Il n'est pas question de vouloir malicieusement dédorer l'auréole de Léonard. La tentative serait puérile. Mais de nombreux auteurs ont prétendu exécuter son portrait. Je le crois peu ressemblant. J'ai cherché seulement à esquisser une silhouette de Léonard — de Léonard idéologiste. Le lecteur appréciera si elle est, comme je le suppose, plus exacte que les images emphatiques qu'on propose à son admiration un peu surprise par l'enflure et par le verbiage pédant. Un homme peut être supérieur, et néanmoins appartenir à une école philosophique dont les principes idéologiques ont des conséquences d'une certaine gravité ; la croyance religieuse de cet homme n'étant, d'ailleurs, pas en cause. Au surplus, l'histoire, même contemporaine, prouve que les scolastiques péripatéticiens ne veulent pas reconnaître la possibilité de ces conséquences... Revenons à Léonard de Vinci. Idéologiquement péripatéticien, il fut mieux inspiré en suivant, comme artiste et comme mystique, une autre tradition.

Qu'il nous soit permis d'ajouter qu'il ne semble pas que le Vinci, en enseignant que l'âme est la forme du corps, ait su que cette maxime classique signifie que l'âme n'est cette forme que par ses facultés essentielles (l'intelligence et la volonté), et nullement par ses facultés secondaires, c'est-à-dire organique, végétative et sensitive. On a pourtant le droit de supposer qu'il l'admettait comme équivalente à la suivante : l'âme est le principe vivificateur, organisateur et animateur du corps. Définition exprimée par Marsile Ficin : *animœ officium est penetrare facillime corpora implere, movere. (Theol. plat.,* 1. X, c. 6) Léonard était donc pleinement spiritualiste. Il l'était autant que Marsile Ficin. Nous soutenons qu'on en a le droit en raison des multiples élans de sa pensée vers l'Auteur de toutes choses, vers Dieu, élans majestueux qui rappellent ceux que prenaient des hommes remarquables par leur génie scientifique, tels que Képler et Conrad Gesner.

Un des plus fâcheux résultats provenant de l'antithèse introduite par les historiens entre le Moyen Âge et la Renaissance, de la classification arbitraire des époques par les professeurs et les faiseurs de manuels, est que l'on perd de vue le développement continu des efforts de l'esprit et de l'activité humaine. En caractérisant la Renaissance comme un retour du Paganisme en raison de la propagation zélée des auteurs de l'Antiquité, on ne saisit pas l'harmonie d'une évolution intellectuelle et spirituelle qui la relie à l'âge précédent ? Aurait-on méchante opinion de l'enthousiasme des érudits de la Renaissance recueillant les ouvrages des Anciens ? Pour ma part, je l'admire quand un Aurispa arrive à Venise en 1423, chargé de deux cent trente-huit manuscrits. Il est présomptueux d'être hautain à l'égard des Humanistes en les qualifiant de philologues et d'érudits. Il y a surtout de l'ingratitude. Nous avons vécu de leur savoir. Et de quel masque se couvrent-ils, nos savants actuels qui trompettent (dirons-nous, en style de Léonard) qu'ils ont établi le meilleur texte de leurs éditions d'après les manuscrits ? Hypocrites, ils n'ignorent pas que leur prétention est vaine ou arbitraire ! C'est de la réclame.

De tout temps, depuis les premiers siècles du Christianisme, les grands esprits s'appliquèrent à réaliser la synthèse des principes philosophiques les plus purs de l'Antiquité avec les données de la Révélation chrétienne. Ne serait-il pas opportun de se rappeler que ce n'est pas à l'époque de la Renaissance qu'Aristote fut baptisé ? En tout cas, il serait honnête, pour savant que l'on s'affiche, de ne point prêter aux belles intelligences de ce temps des sentiments qui ne furent pas les leurs ; de ne point les méconnaître en leur attribuant des doctrines qu'ils n'ont jamais professées...

C'est grâce à de telles observations que l'on composera une Histoire des mouvements philosophiques, religieux et scientifiques exacte, et qu'on donnera à chaque homme d'élite le seul titre qui lui appartient, et qu'il aurait consenti à porter.

1ʳᵉ édition *La pensée ésotérique de Léonard de Vinci*, Paris, Lucien Bodin éditeur, 5, rue Christine, 45 pp.

A mon ami Claudius Dalbanne peintre
Mon cher ami, voici quelques pages trop rapidement écrites sur un sujet conçu il y a déjà quelques années. Tu as été le premier confident de ma pensée ; je sais que ce discours aura ta faveur. Qu'il te soit donc dédié, malgré ses imperfections ; intellectuellement, puisque nous prions dans le même Panthéon esthétique ; affectueusement, en signe de notre longue amitié.
Cependant permets-moi d'ajouter au frontispice de mon ouvrage le nom de celui à qui il m'est doux de rendre un témoignage plublic de reconnaissance, notre vénéré Maître : Péladan.
P.V. Paris, 1906

2ᵉ édition 1910
3ᵉ édition Odette Lieutier, 31 rue Bonaparte, 1945, 123 pp.

Aymon de Lestrange, *Joséphin Péladan et les milieux occultistes français de la fin du XIXᵉ siècle,* Mémoire École Pratique des Hautes Études, Paris, 1977, pp 202-204 a reproduit ces lettres, qui avaient été utilisées et citées par André Billy, *Stanislas de Guaita,* Mercure de France, 1971, p. 173.

Correspondance inédite
entre Josephin Peladan et Paul Vulliaud

Lettre de Péladan :
26 décembre 1907

Fonds P. Vulliaud à
à l'Alliance Israélite
Universelle

Mon cher Vulliaud,

    Vous estimez que telle qu'elle est présentée dans les textes choisis, la Philosophie de Léonard est misérable. C'est une opinion, et comme toute opinion, elle s'inspire d'une tendance personnelle.
    Vous allez jusqu'à dire : « n'y a-t-il pas dans le monument des monuments les éléments d'une théodicée plus complète et plus profonde. »
    Cette interrogation m'accuse ou de ne pas connaître les Ms ou d'avoir systématiquement écarté ces éléments de théodicée. Dans le premier cas vous disqualifiez mon livre. Que sont des textes choisis si celui qui les groupe en ignore l'ensemble ? (« une partie » biffée).
    Dans le second vous m'accusez tout simplement d'avoir trahi la cause idéaliste, en éludant les preuves de la spiritualité de Vinci.
    Vous êtes l'auteur d'une ingénieuse théorie que je n'ai pas citée, pour éviter de la contredire ou plutôt pour éviter la contradiction que Léonard lui-même fournit.
    Vous voyez dans le Bacchus du Louvre le Dieu de l'univers, et vous lisez en rébus la présence du cerf et de l'ours dans ce tableau : vous voyez dans le clair-obscur d'où émerge le saint Jean

l'in tenebris lucet. Vous le voyez ? Vous vouez votre propre idée (« rêve » biffé) réalisée : je crois votre témoignage : je crois surtout que ces œuvres sont fées comme disait le M.A. et que si vous les regardez métaphysiquement elles vous souriront en métaphysiciennes. Le mystère exalte chaque esprit selon son mouvement propre ; le miroir magique ne reflète que l'opérateur.

Je n'ai fait que qu'une génuflexion, au seuil des œuvres du Maître : je ne me trouve donc pas engagé d'amour-propre à soutenir une thèse. Vous aimez Léonard selon votre esprit : cela est légitime, mais pourquoi vitupérer l'humble abréviateur qui s'est abstenu de commentaires afin de n'écarter personne et de laisser parler Léonard lui-même. Vous concluez que je n'ai vu que l'artiste et le savant !

Que voulez-vous donc que je visse ? Le Scholastique ? Léonard ne savait pas le latin. L'humaniste ? Son originalité consiste précisément à devancer son temps dans l'évolution et à substituer au raisonnement l'expérience et le témoignage du phénomène à celui de la traduction.

J'ai choisi les textes d'après leur degré d'intérêt, voilà tout. Publiez cette lettre, je vous prie, dans « Les Entretiens idéalistes ». Rapprochée de votre article, elle servira à montrer que le groupement intellectuel est un rêve chimérique : puisque en dépit de la grande estime que vous faites de moi, vous m'accusez de connaître incomplètement les Ms du Maître, ou d'avoir volontairement omis les parties profondes et étendues de sa théodicée.

Sans rancune.

votre Péladan

Brouillon de réponse de Paul Vulliaud :

28 décembre 1907

 Votre lettre sera publiée dans le n° qui paraîtra le 25 janvier : le débat porté, par vous, devant le public, je ne puis que le faire suivre de mes observations. Toutefois il en est d'ordre intime que je ne ferai connaître qu'à vous-même. Comme vous le reconnaissez dans votre lettre, je vous estime ; c'est vrai, et reconnaissant en vous un esprit éminent, je prends le parti de vous causer avec cette franchise qui doit avoir du prix pour tout homme supérieur.
 Vous écrivant dernièrement au reçu de votre plus récente publication, je vous informais que la critique de votre ouvrage était déjà faite, et de plus avec intégrité. En effet mon jugement contenant une grande part d'éloges, j'ai toujours, jusqu'ici, jugé vos livres avec rigueur. Il m'eût été facile de prendre le parti de vous louanger banalement, sans même vous discuter. Cette attitude est la plus générale aujourd'hui, néanmoins elle n'est pas la mienne vis-à-vis de vous, plus plusieurs raisons. D'abord parce que l'intérêt et la supériorité de vos œuvres, unies à leur souci dogmatique exigent plus de sévérité ; l'autre raison, et là vous reconnaîtrez la faiblesse humaine, est d'ordre personnel. Votre lettre m'incite à vous la faire connaître.
 D'après votre ton, il me semble que vous pensez écrire à un auteur dont la vanité aurait été blessée, de vanité d'auteur je n'en ai pas, ceci énoncé aussi simplement que pensé.
 Et vous auriez pu remarquer que dans ma critique l'ingénieux écrivain d'une brochure sur Léonard de Vinci (pour vous emprunter une épithète) avait disparu. Dans cette brochure, suivie peu après de la fondation des « Entretiens idéalistes » datent certains

changements d'humeur vis-à-vis de moi. Ceci mérite bien une explication, et ainsi vous n'ignorez plus le motif de mon enthousiasme tempéré.

Lorsque je vous fis parvenir « La Pensée ésotérique de Léonard de Vinci », vous mîtes près de trois semaines à me donner votre avis, ou même à m'en accuser la réception. Il me fallut vous demander si vous aviez la dédicace où votre nom était cité. Vous êtes généralement plus poli avec les journalistes que vous avez tant vitupérés. Enfin votre message vint et je le lus, il était embarassé et contradictoire. Vous avez le mot d'ami coutumier, il existe les minimes marques extérieures de l'amitié, par exemple l'envoi de vos œuvres. Ceux de votre petit cercle et sur l'admiration et le dévouement desquels vous pouviez compter les méritaient. Vous en préférez l'envoi à des gens mieux placés que d'obscurs disciples.

Mais ceci a été tenu pour peu de chose, puisque dans le premier cahier des « Entretiens idéalistes » vous fûtes nommé jusqu'à rendre toute une rédaction ridiculement servile. A la réception de cette Revue votre enthousiasme fut grand, aussi vous demandai-je un article, et par marque disciplaire je vous demandais de prendre une vue d'ensemble sur notre époque, et quelle était la direction à prendre pour les Idéalistes. Vous me le promîtes, or le lendemain vous m'écriviez pour me renvoyez sans promesse d'article. « Je pars pour Nîmes et suis très pressé », me disiez-vous en formule d'éluder, et trois semaines après vous étiez encore ici, et notamment on vous rencontrait à l'Opéra comique et plusieurs revues portaient votre signature. Je n'ai pas à juger quelle fut la cause, l'influence, je ne sais, de ce revirement. Mais ce que j'ai à juger, c'est la menace d'huissier par laquelle vous fîtes connaître votre retour de Nîmes. J'ai à le juger car prétendez-vous avoir agi en Maître vis-à-vis de ses disciples et de ses amis. Même les torts de notre côté, et l'objet du délit était-il assez léger, votre conduite n'était pas même celle d'un adversaire. Et vous me parlez dans vos lignes de ce 26 décembre de la difficulté des groupements idéalistes, c'est comme si vous disiez qu'il est difficile à un père de famille qui jeterait ses enfants par la fenêtre de fonder une famille. Enfin on fit droit à votre réclamation, quoique légalement vous n'eussiez pas le droit pour vous.

Je ne remonterai pas à la Renaissance pour vous prouver que les Maîtres n'agissaient pas ainsi vis-à-vis de leurs disciples surtout lorsqu'ils leur étaient dévoués. Vous ne supportez pas autour de vous les soldats qui opèrent les mouvements que vous leur avez appris et pour vous il ne peut y avoir de (degré) entre le général et le simple soldat. J'ai pu en faire l'expérience, dans l'ordre pictural cela ne vous incommodait pas, mais dans l'ordre littéraire quelque hauteur de vues place celui qui les a au rang d'un confrère.

Vous me parlez d'une accusation de traîtrise envers l'Idéalisme. Vous n'avez jamais pu savoir quelle peine vous me fîtes la première fois ou vous vîntes chez moi pour donner votre avis sur mes tableaux. Je montrais à l'auteur de « L'Art Ochlocratique », au propagateur d'une renaissance artistique, au fondateur de la Rose + Croix, à l'admirateur de Chenavard mon triptyque religieux et que répondit-il : Laissez ça de côté, c'est de l'amusement !!! J'avais cru passer plusieurs années à m'instruire, à vivre d'une doctrine enseignée dans « L'Amphithéâtre des sciences mortes », à suivre l'enseignement d'un maître, dans le fond je m'étais trompé du tout au tout.

Oui, sans doute je n'aurais pas dû être confiant et docile ; au lieu de prendre des habitudes de cette époque monacale, au lieu de mon acharnement exagéré au travail j'aurais dû faire non ce que les prêtres disent mais ce qu'ils font, et j'aurais connu des jours moins sombres. Pourquoi n'avez-vous pas mis au frontispice de votre œuvre cette sentence : Je te montre la route, mais réfléchis que si tu la suis, tu crèveras. Car la société est pour l'artiste la mère dont parle Baudelaire dans son admirable et catholique poème « Bénédiction ».

Dans « Le Panthée » vous parlez de votre grande bonté, où est-elle lorsque au lieu de l'aide réconfortante qu'on souhaiterait, vous montrez votre souci qu'on se plaise à des besognes obscures, pensant que vous êtes à même de mener seul le concert idéaliste. Je pourrais, comme vous le sentez en écrire très long et je ne compose pas l'œuvre que je rêvais à votre propos ni celle que je n'avais pas rêvée.

Mais cependant je vous ai traité d'esprit supérieur, par conséquent capable d'entendre la vérité. Aurez-vous le courage ?

Donc vous écriviez le 4 novembre, dans « Le Soleil » : l'idéalisme esthétiquement n'est pas un parti. Pourquoi ne le deviendrait-il pas ? Pourquoi le public ne se rendrait-il pas compte que les 3 francs d'un roman et 10 francs d'un fauteuil tombent fatalement ou dans la bourse du diable ou dans celle des anges. »

Réponse : L'idéalisme ne pourra devenir un parti tant que les chefs de l'Idéalisme assommeront les jeunes qui se consacrent chair et sang, âme et esprit à l'Idéalisme. Et de même se poursuivrait la réfutation de cet article et de plusieurs écrits dans le même sens, composé pour votre confusion.

Tout ceci vous explique ma rigueur à votre égard, car moralement je juge un homme sur ses prétentions. Je puis vous considérer comme un écrivain qui a renié ses disciples. Je finis. Puis-je espérer que vous verrez au-dessus de l'expression la pensée et sur-

tout le sentiment qui les inspirent si par mégarde elle était exagérée, vous pourrez connaître l'étendue de mes désillusions et la profondeur de ma blessure. La seule chose que je vous demande c'est de me tenir compte de vous dire en face ce que d'autres pensent en secret.

Réponse de Péladan :

Mon cher Vulliaud,

Après la lettre que je reçois et à laquelle je ne répondrai pas je n'ai plus qu'à vous prier de ne pas insérer dans votre revue la lettre précédente et de la jeter au panier.

Péladan

Dédicace des « Textes choisis » (1907) :

A mon ami Paul Vulliaud. C'est un Léonard par lui-même et il ne ressemble pas à votre vision, voilà pourquoi je ne vous ai pas cité. Affectueusement.

ACHEVÉ D'IMPRIMER PAR
L'IMPRIMERIE CH. CORLET
14110   CONDÉ-SUR-NOIREAU

N° d'Imprimeur : 7111
Dépôt légal : 3ᵉ trimestre 1981